KB167235

문화생활과 문화주택

근대주거담론을 되돌아보다

차 례
Contents

주거담론의 시작

주거를 바라보는 우리의 태도

우리 주택이 변하고 있다. 반세기부터 줄곧 이어져 온 아파트 개발은 외환위기 이후 장기간 주택 시장의 침체 속에서 제동이 걸렸다. 분명 아파트 건설과 보급은 우리 경제의 눈부신 발전과 국민 생활수준 향상에 큰 원동력이었다는 긍정적 측면을 가지고 있지만, 한편으로는 우리의 주거 환경과 도시 경관을 획일적이고 무미건조하게 만들어버렸다.

무엇보다 우리는 아파트를 삶의 질을 향상하는 '참 주거'로써가 아니라 경제적 이익 증대의 가장 효율적인 수단으로 여겨 왔으며 이를 통해 신분 상승의 욕망과 과시욕을 표출해 왔다.

아파트에 대한 이러한 경제적, 사회적 기대감이 우리들의 마음 속에 고착되어 누구나 아파트에서 살고 싶어 한다. 그러나 세계 금융 시장의 계속되는 불안정과 그로 말미암은 부동산 가치에 대한 불확실성은 이러한 기대감을 무너뜨리고 있고 주거에 대한 우리의 생각을 조금씩 변화시키고 있다.

최근 미디어를 보면 오늘날 우리의 주거 현상을 나타내는 신조어들이 생겨나고 있는데 '하우스 푸어'라든지 '깡통주택'과 같이 투자 가치를 상실한 주거 또는 그에 기대어 생활하는 계층을 뜻하는 용어가 그것이다. 반면 '한옥주택', '땅콩주택'과 같이 아파트 시장의 불안정에 다시금 단독주택으로 눈을 돌리고 있는 유행을 대변하는 용어도 찾을 수 있다.

분명한 것은 우리 스스로 우리 주택이 걸어온 길과 앞으로 우리 삶의 모습이 어떻게 바뀌어 가야 하는지를 진지하게 고민해 볼 시기가 도래한 것이다. 앞으로는 물질적 풍요와 생활수준의 향상과 더불어 생활의 질과 다양성을 높일 수 있는 '참 주거'의 모습을 찾아야 한다.

문화주택의 꿈

우리가 겪고 있는 이러한 주거 현상은 비단 오늘날만의 것은 아니다. 현대보다 훨씬 더 격세지감의 시대였던 근대의 미디어를 읽어 나가다 보면 아파트를 둘러싼 지금의 세태와 유사한 일화들을 발견할 수가 있다.

필자는 다년간 근대의 신문과 각종 잡지를 파헤쳐가며 근대기 생활개선운동과 우리 건축가의 주택개량에 관한 활동들을 추적해 왔는데, 당시의 주거 현상에 관한 여러 기사 사이에서 자주 회자되던 것 중에 '문화주택'이라는 용어가 등장한다. 학식이 높은 지식 계층뿐만 아니라 일반 대중들 사이에서도 누구나 살고 싶은 집으로 단연 문화주택을 손꼽았다.

당시 대다수 조선인들은 하루하루가 빠르게 변하는 도시환경 속에서도 여전히 한옥에 살고 있었다. 지금의 북촌 한옥마을에서 볼 수 있는 것처럼 집장사들이 지은 개량한옥에 단칸방 생활을 하면서도 으리으리하고 호화로운 문화주택에 사는 꿈을 가지고 살았던 것이다.

개량한옥은 1920~1930년대 급격한 도시화에 따라 좁아진 필지와 직선형 도로에 맞추어 주택업자들이 한옥을 고쳐지었다고 해서 불린 이름으로 학술적으로는 도시한옥이라고도 한다. 장구한 전통의 한옥을 계승한다는 차원에서 우리 도시 주택의 귀중한 역사적 유형이기도 하지만 지금의 아파트와 같이 불특정 다수 거주자를 위해 짓는 상품 주택의 효시였던 점에서도 중요한 주거사적 의의를 가진다. 그러나 팔기 위한 집이다 보니, 당시에는 방의 칸 수를 늘리는 불법적인 개축과 과도한 장식성, 방세(월세) 착취, 도시 주거 과밀화 등으로 건축가들의 주된 비판 대상이 되기도 하였다. 마치 오늘날의 아파트가 처해 있는 상황과 비슷하다고 할 수 있다.

이런 한옥에서 살던 근대인들이 꿈꾸었던 문화주택은 구체적으로 어떤 모습이었을까? 당시 근대인들의 문화주택에 대한 열망은 오늘날의 주거 현상에 비추어 볼 때, 서로 비슷한 국면들을 많이 가지고 있다. 지금보다 훨씬 열악했던 주거 상황 속에서 근대인들이 꿈꾸었던 문화주택에 얽힌 이야기들은 아파트에 익숙해져 버린 우리에게 오늘날 '참 주거'를 위해 무엇을 고민해 보아야 하는지 시사하는 바가 크다.

왜 문화주택인가?

근대기의 화두였던 문화주택은 당시의 조선뿐만 아니라 중국이나 일본을 비롯한 아시아 각국에서 출현했던 근대 주거양식의 하나로 사회 개혁과 생활 개조의 전 세계적 흐름 속에서 이상적 주택모델로 알려져 있다. 조선에서는 극히 제한적이었으나 일부 지식인 계층을 중심으로 유입되어 사회적으로 대중적 유행을 불러 일으켰다. 문화주택은 이미 그 태생이 외래로부터 우리 사회에 진입한 신종 주택이었기에 그만큼 많은 사회적 관심을 불러일으켰던 것은 당연한 일이었다.

지금의 신당동과 장충동, 북아현동 등을 비롯하여 경성 주변에 문화주택지가 들어설 때마다 언론지상에서는 주택지 소식과 분양 광고가 실렸고 오늘날 연예인이나 유명 인사의 사생활을 궁금해 하듯이 당시에도 '어디에 문화주택이 세워졌다더라.', '근래에 문화주택이 들어섰는데 누가 살더라.'라는 식의 가십거리 기사들도 쏟아져 나왔다. 또 문화주택가에서 일어난 사건 사고는 다른 사건들보다도 훨씬 더 사회적 조명을 받으며 대서특필 되었고 문학가들은 근대 소설의 주요한 배경으로 문화주택을 자주 등장시켰다. 오늘날 아파트와 마찬가지로 문화주택은 근대 우리 주거의 상황을 대변하는 시대적 산물이었음에는 틀림없어 보인다.

이 책에서는 이렇게 근대 사회의 아이콘이었던 문화주택의 여러 일면들을 살펴보도록 한다. 무엇보다 문화주택에서 촉발된 근대주거담론의 해제는 과거 우리가 꿈꾸어 왔던 주거상을 살펴보고, 오늘날의 주택과 생활상을 이해하고 앞으로의 '참주거'를 생각해 볼 수 있는 좌표가 되리라 믿는다.

그렇다면 근대주거담론에서 문화주택이라는 용어는 언제부터 어떻게 쓰이기 시작한 것일까? 이러한 궁금증을 풀기 위해서는 우선 문화주택에 얽힌 용어의 쓰임새부터 살펴볼 필요가 있다.

문화 신조어의 유행

문화의 의미

본래 '문화'의 사전적 의미는 폭력이나 형벌을 사용하지 않고 인간을 교화한다는 뜻의 '문치교화(文治敎化)'에서 유래된 말로, 1910년대부터 일본에서부터 쓰이기 시작하여 1920년대에 한반도에서도 점차 하나의 유행어처럼 사용되고 있었다.

대표적으로 연희전문학교를 졸업하고 배재중학교 영어 교사였던 이경렬이 민족주의적 개량 사상을 고수했던 수양 동우회의 기관지 『동광(東光)』에 투고한 '문화의 의미, 인류의 이상'이라는 논설을 읽어보면 당시 이미 문화라는 말이 지식인들 사이에서 관용적으로 자주 쓰이고 있었음을 알 수 있다.

이즈음에 와서는 文化라는 말이 한 流行語가 된 듯 시픈데 流行語가 된 이만큼 그 의의는 明瞭하지 못합니다. 어머턴지 우리는 이 文化라는 말을 만히 들으며 또 우리들 자신이 만히 씀니다. 文化主義, 文化運動, 文化生活, 文化政治, 文化住宅, 文化田園…… 이런 말들이 만히 쓰이며 文化式이니 文化的이니 하는 形容詞를 만히 씀니다. 文化라는 말이 이러케 만히 쓰이게 됨에는 거긔에 반듯이 큰 의미가 잇슬 것임니다(『동광』, 9호, 1927.1).

이 글을 통해 지식인의 자질을 나타내는 '교양' 대신 '문화'라는 말을 더 자주 사용할 만큼 입에 쉽게 오르내리면서도 정작 그 시대적 의미는 불분명했다는 것을 알 수 있다. 이경아(2006)의 연구를 참고해 보면 문화는 일본의 군국주의적 기조를 나타내는 용어로써 독일에서 유학했던 와세다 대학 정치경제학과 교수 오야마 이쿠오(大山郁夫)가 1916년에 발표한 '군국적 문화 국가주의'라는 논설을 통해 일본이 독일을 근대화의 모범으로 삼아 개혁 정책을 추진하고자 하였다고 한다.[1] 즉, 문화는 근대화의 척도를 상징하는 말로 오늘날 통용되는 문화와는 쓰임이 다소 다르다는 것을 알 수 있다. 이 무렵 민족 운동을 계기로 '문화정치'를 내세웠던 조선 총독부의 식민지 정책도 이와 같은 맥락이다.

당시 조선의 지식계층에서도 문화라는 것은 정확한 의미가 있기 보다는 무언가 보다 새롭고 더 나은 어떤 것을 나타내는 하나의 수식어처럼 사용되었으며 점차 대중적으로 문화조미료, 문화만두, 문화비누 등 먹을거리와 세세한 일상용품에까지 좋은 것이면 다 문화라는 말을 갖다 붙이곤 했다.

문화생활의 이상적 가치

문화생활도 그러한 시대성을 대변하는 신조어였는데 그 의미를 보다 쉽게 설명한 것이 다음의 논설이다. 이 논설은 김구 선생의 제자이자 교육자였던 근원 김명규가 '문화생활의 의의'라는 제목으로 『신생활 (新生活)』에 투고한 글이다. 근원은 자기와 타인의 인격을 존중하고 자기의 분수에 맞는 알찬 생활을 영위하는 것을 문화생활에 이른 상태로 바라보고 있었다.

요사이 文化生活이라 하는 一種 新熟語의 流行함을 見하겟도다. 그런데 都無知 이 流行이라는 것은 참으로 異常하야 그 內容의 如何함은 詳細히 解釋치도 못하고 다만 이곳 저곳으로 흘너가는 模樣이다. …… 只今이 文化生活이라는 新熟語도 解放 또는 改造이라는 流行語에 다음하야 流行된 것이나 그 內容에 關하야는 嚴密한 定義인 듯한 것은 아즉 見치도 못하얏스며 또한 聞치도 못하얏다. 料量하야 보건대, 大體 自己를 諒解하며 他를 諒解하고 更히 廣汎하게 環境을 理解하야 此에 適當하게 處하야 가는 生活狀態를 云함인 듯하다(『신생활』, 9호, 1922.9).

이러한 해석에는 당시 사회적으로 대두하였던 생활개선운동이 그 배경으로 작용하고 있다. 문화는 어떤 가치가 부여된 이상적 상태를 나타내는 것으로 문화생활은 생활을 더 좋게 개선하여 이룩하는 것, 즉 생활개선운동이 목표하는 이상적인 생활의 상태를 의미하는 핵심어로 자주 사용되었다.

　문화생활이 이렇게 시대적인 용어로 회자되었던 것은 당시 사회구조의 변화와도 관련이 깊다. 근대기 우리 사회는 식민지라는 특수 상황에 놓여 있었지만, 유럽의 산업혁명으로부터 시작된 자본주의의 세계적 확장은 조선에도 어김없이 뿌리를 내리고 있었다. 자본주의의 성장과 근대사회 체제로의 진입은 도시화를 가속하는 주요인이었으며 도시 인구의 증가 그리고 새로운 도시민으로서 고학력의 봉급 생활자(샐러리맨)나 노동자와 같은 신사회계층을 탄생시켰다.

　새로운 계층으로서 이들이 봉건계층과 근본적으로 다른 점은 재래 방식의 가업으로부터 이탈하고 있다는 것이다. 가업의 이탈은 직주분리(職住分離) 즉, 물리적으로 직장과 주거가 분리된 오늘날과 같은 생활 구조로의 필연적인 변화를 가져오면서 기존의 주거관도 크게 바꾸어 놓았다. 무엇보다 주거를 옛날처럼 생업을 겸하는 곳이 아닌 휴식의 장소, 나와 가족만의 공간으로 인식하게 되었던 것이다. 이러한 주거관이 얼마나 성숙되었는지는 알 수 없지만 도시 중산층을 중심으로 한 가족본위와 문화주택, 합리주의적 생활론 등 근대기의 여러 주거 담론을 생산시키는 중요한 배경으로 작용하였다.

실제 1920년대 민족 신문과 대중 잡지의 출판이 급증하면서 당시 주거 현상을 나타내는 시대적 유행어들이 등장하고 있는데 문화생활은 개인존중, 중류 가정, 가족 단란, 스위트홈 등의 용어들과 함께 근대 주거 담론의 주요한 키워드였다. 아울러 문화주택은 문화 혹은 문화생활의 의미에서 파생되어 재래의 주택보다 더 나은 주택, 재래 주택의 좋지 못한 결점을 개선한 주택을 뜻하는 의미로 쓰였으며 건축가들은 문화주택의 이름으로 갖가지 개량주택안과 주택작품을 생산했다.

문화주택의 관용적 의미

문화생활과 문화주택, 이들 문화 유행어를 기점으로 하는 근대주거담론의 저변에는 당시 이러한 주거 현상과 주거관이 관념적으로 작용하고 있었다. 그러나 대중들에게 있어서 문화주택은 무엇보다 새로운 주택으로써의 호기심과 열망이 투영된 신개념 주택이었다.

일제강점기에 활동한 대표적인 건축가 박길룡이 「조선일보」에 기고한 '유행성의 소위 문화주택(1930)'이라는 논설을 살펴보면 기존 주택과 조금이라도 다르면 무조건 문화주택이라 부르는 세태를 비판하고 있는데 심지어 당시 경성의 도심부에 새로 건설된 개량한옥들도 모두 문화주택이라 불렸을 정도로 그 실체가 모호한 채 사회적으로 널리 통용되고 있었다.

또한 일제강점기 조선의 민예 연구가였던 아사카와 노리타

카(淺川伯敎)나 조선에서 활동한 일본인 건축가 모임인 조선건축회의 사사 케이이치(笹 慶一) 회장도 1930년대 조선에 나타났던 주거 현상에 대해 '문화주택 시대' 혹은 '문화주택적 경향'으로 표현했는데 여기서 문화주택은 어떤 특정한 주거 형태보단 당시의 주거 상황을 통념적으로 나타내고 있었다.

당대 건축가들의 견해에서도 드러나듯이 문화주택은 특정한 주거 형태를 뜻하기보다는 근대기 우리 주거의 새로운 경향을 나타내는 사회적 관용어였으며, 아파트가 건축법상의 주택 형태를 가리키는 용어에서 벗어나 오늘날 우리 생활의 일반적인 모습을 대변하는 것과 같은 이치였다.

이렇게 근대 조선에서 나타났던 문화주택의 관용적 의미는 생활개선운동과 건축가들의 주거 담론을 거치면서 더욱 확대 생산되어 갔는데, 그 시발점은 1920년대 초 일본의 한 박람회에서 열린 주택 전시회였다.

모델하우스의 출현 : 문화주택이라 불리다

실물주택 전시장의 등장

1922년 일본 동경에서 제1차 세계대전 종전을 기념하는 평화기념박람회가 열렸다. 3월부터 약 넉 달간 우에노(上野) 공원에서 열린 박람회는 1914년 대정박람회보다 규모는 작았지만 1,000만 명 이상의 관람객을 유치했고 세계 각지로부터 출품받아 국제 박람회에 버금가는 성공적인 근대 박람회였다.[2]

무엇보다 이 박람회장 중에서 세간의 이목을 끌었던 것은 전대미문의 실물 주택 전시장이었다. 관람의 제한은 있었지만 말 그대로 실물 크기의 주택이었기 때문에 주택의 겉모습뿐 아니라 집안 곳곳을 돌아다니면서 직접 꼼꼼히 들여다볼 수 있

평화기념 동경박람회장의 문화촌 전경(『문화촌의 간이주택』, 1922).

는 오늘날의 모델 하우스와 다름이 없었다.

　이 주택 전시를 주관한 것은 일본건축학회였다. 당시 일본에서도 생활개선의 문제가 사회적으로 큰 관심거리였는데, 박람회의 건축관 건립에 관한 동경부의 의뢰를 받았던 건축학회는 주택개량의 표본으로써 실물주택 전시의 필요성을 피력하였다. 이 기획이 받아들여져 일본 최초의 주택 실물전이 '문화촌'이라는 이름으로 박람회장 일각에서 열리게 되었던 것이다. 출품된 주택은 모두 14채로 건평 20평 내외와 평당 건축비 200엔(현재 가치 약 2,000만 원) 이내에 거실과 식당 그리고 응접실을 의자식으로 하되 실용적 설비를 갖추는 조건으로 설계되었다.

　문화촌에 출품된 주택들은 각 설계 주체에 따라 실구성을 달리했으나 가족의 공동생활 공간으로써 의자식의 거실이나 식당을 중심에 두고 각 침실이 연결되도록 하거나 혹은 의자식의 응접실과 서재, 침실, 아동실을 갖춘 이른바 거실 중심형주택들이었다. 또 문화촌 주택은 서구식 외관에 자연과 어우러진 전원주택의 목가적 분위기를 한껏 자아내고 있었으며, 문화촌을 찾아온 관람객들이 이러한 분위기에 매료되었던 것은 물론이다.

문화촌이 열리는 동안 건축서 전문 출판사였던 홍양사(洪洋社)에서는 문화촌에 출품된 주택들의 도면과 사진들을 모아서 『문화촌의 간이주택(文化村の簡易住宅)』이라는 단행본을 출간하였다. 서두에는 문화촌 출품을 감독했던 대장성 영선기사 오오쿠마 요시쿠니(大熊喜邦)가 주택이 출품되기까지의 경위를 자세히 설명하고 있다.

그 중에서 오오쿠마는 '생활개선의 본뜻을 따르는 근대인의 요구에 응하여 시간과 노동, 경제, 지역 및 공간을 될 수 있으면 절감하고 가족생활능률의 증진에 힘을 쏟을 수 있도록 소가족용 소규모 주택으로써 가장 간편하게 참다운 문화생활을 누릴 있도록 기획하였다'라고 주택출품의 취지를 밝히고 있다.[3] 생활 능률과 가족본위의 문화생활을 위한 주택, 즉 문화주택의 명칭은 이러한 의미에서 생겨나고 있었다. 그리고 문화촌은 박람회장 한편의 벚나무 숲 속에 잘 조성된 마을처럼 보인다 하여 그 이름이 붙여진 것이었다. 오오쿠마는 이 문화주택이 도시 중산층에게 적합한 최소한의 주택으로써 주택개량의 본보기가 될 것이라고 믿었다.

문화주택은 서구화의 표본

이와 같이 문화촌이 열리게 된 것은 당시 일본의 생활개선 운동이 정부의 적극적인 서구화 정책 아래에서 추진된 결과였다. 메이지유신(明治維新) 이래 사회변혁과 함께 민간으로부터 생활개선의 여론이 1920년대에 들어서서 문화촌이 열릴 무렵 관 주도의 생활개선운동으로 구체화되는 양상을 보였다.[4]

민간 계통의 단체로는 수입주택 전문설계회사였던 아메리카야(あめりか屋)의 점주 하시구치 신스케(橋口信助)와 토키와마츠(常磐松) 여학교 설립자 미스미 스즈코(三角錫子)가 함께 1916년에 창설한 주택개량회가 있다. 하시구치는 미국에서의 생활 경험을 바탕으로 서구 주택의 합리성과 경제성을 내세웠던 주택개량의 대표적인 인물이었고, 미스미는 테라 시스템(과학적 관리법)을 주부들의 가사 작업에 적용해 능률을 중시한 동작 경제론을 주창한 인물이었다. 주택개량회는 주택전문지 『주택(住宅)』을 발행하고 수차례의 주택설계경기를 열어 서구 주택을 기본으로 한 주택개량 계몽활동을 이어나갔다.

한편 관 계통의 단체로서는 1920년 문부성의 산하 단체로 결성된 생활개선동맹회가 있다. 생활개선동맹회는 의식주를 중심으로 생활 전반의 개선을 목표로 하여 사교의례개선조사회와 의복개선조사회, 주택개선조사회 등 각 분야의 전문 조사위원회를 두었다. 주택개선조사회는 1920년 '주택개선 방침'을 공표했는데, 이 방침은 의자식의 서구 생활양식을 바탕으로 가

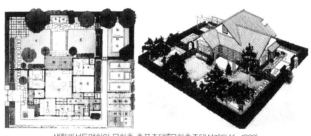

생활개선동맹회의 문화촌 출품주택(『문화촌주택설계도설』, 1922).

족본위와 실용성 위주의 주택개량에 관한 내용이었다.

이러한 서구화 경향은 생활개선동맹회가 문화촌에 출품한 주택만 보더라도 알 수 있는데 실내 중앙에 의자식 거실을 두고 다다미 침실 한 곳을 제외하고는 식당과 서재, 아동실도 모두 의자식이다. 그리고 외관에서도 어디까지나 서구 주택의 형태를 추구하였다. 이후 동맹회는 『주택의 실배치와 설비개선(1921)』『주택가구의 개선(1924)』『새로운 부엌과 부엌용품(1928)』『새로운 일본주택실례(1929)』 등의 조사연구를 단행본으로 꾸준히 출간하여 생활개선운동의 기선을 이끌었으며, 문화주택은 서구화의 표본주택으로써 성립되고 있었던 것이다.

또 하나의 문화주택 박람회

동경에서 평화기념박람회의 문화촌이 열렸던 해에 오사카에서는 일본건축협회가 또 하나의 주택 박람회를 기획하고 있었다. 이미 동경으로부터 주택개량회라든지 생활개선동맹회에 의해 생활개선운동의 여세가 몰아치고 있던 가운데 건축협회는 건축가의 입장에서 생활개선운동을 적극 장려하고 주택개량의 기운을 조장한다는 취지로 박람회를 열고자 하였다.

당시 오사카 공업회의 회장이자 근대 오사카에서 활약했던 건축가 카타오카 야스시(片岡 安) 협회장을 필두로 준비 위원회를 설치하고 박람회를 열기 한 해 전인 1921년 2월부터 세 차례에 걸쳐 주택설계경기를 시행하였다. 카타오카는 이미 문화촌을 기획할 당시 출품준비위원으로서 주택 박람회를 경험한 적이 있었다.

이 설계경기와 그간의 위원회 논의를 토대로 첫째, 가정생활에서 좌식을 폐지하고 상용실을 의자식으로 할 것, 둘째, 상용실과 침실을 구분하고 아동실을 설치하며 객실(客室)을 없앨 것, 셋째, 주택의 난방설비를 갖출 것 등으로 주택개량의 요점을 제시하였다. 특히 건축협회는 기능에 따라 주거 공간을 분리하고 가족 구성원들에게 각자의 침실을 할당하는 서구식 주거 계획적 측면을 가장 중요하게 고려하였다.[5] 건축협회 역시 주택 서구

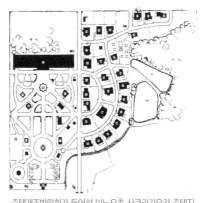

주택개조박람회가 들어선 미노오촌 사쿠라가오카 주택지
(『주택개조박람회출품주택도집』, 1923).

화를 지향하고 있었으며 박람회에 출품될 주택은 문화촌과 마찬가지로 서구 생활양식을 기본으로 설계되었던 것이다.

일본건축협회의 주택개조박람회는 원래 1922년 3월에 열릴 예정이었으나 같은 달 평화기념박람회에서 건축학회의 문화촌 전시가 예정되어 있었기 때문에 박람회는 그보다 반년 늦은 9월에 열리게 되었다. 박람회장은 문화촌에서처럼 오사카 시내의 텐노지(天王寺) 공원에 설치하기로 하였으나 계획이 도중 변경되어 오사카 근교 미노오촌(箕面村)의 사쿠라가오카(桜が丘)로 회장 위치를 옮겼다. 이곳은 미노오 아리마 전기궤도(箕面有馬電氣軌道) 전철 회사(현 한큐전철의 전신)가 개발한 교외 주택지였는데, 이 때문에 건축협회의 주택 박람회는 일회성의 전시로만 끝나지 않고 주택의 매매로 이어질 기회가 생겼다. 평화기념박람회의 문화촌이 폐막 후에 이축을 전제로 했던 임시 건물 수준의 전시였던 반면에 주택개조박람회는 전시와 분양을 동시에 이루어낸 최초의 주택 박람회가 된 셈이다.

건축협회는 박람회장을 공동생활이 가능한 주거지로서 개발하고 실물주택 25채와 박람회에 사용될 전시 본관을 지었다. 이 전시관은 박람회가 열리는 동안에 건축 자재와 서양 가구 및 설비 등을 전시하고 박람회가 끝나면 입주민들의 클럽하우스로 사용하게끔 기획되었다. 또한 박람회장에는 음악당이나 활동사진관, 분수대 등 서양식 정원이 조성되었다.

주택개조박람회의 출품주택은 앞서 말한 바와 같이 서구 생활양식을 기본으로 설계되었지만, 한편으로는 장래에 분양이

일본건축협회의 출품주택 5호(『주택개조박람회출품주택도집』, 1923).

라는 현실적 문제를 고려하지 않을 수가 없었는데 이것은 출품
주택의 실구성에서도 그대로 반영된다.

　문화촌 주택이 거실 중심의 주거 공간으로 상징되는 서구 생
활양식을 적극 도입했던 것에 비해 주택개조박람회의 주택은
거실이나 식당, 서재 및 아동실은 의자식으로 하더라도 반드시
다다미 침실을 두고 주거 내부의 복도를 통해 각 실을 효율적
으로 연결하는 방식, 이른바 중복도형의 실배치로 일상생활을
보다 편리하게 할 수 있도록 설계되었다.

서구화에서 절충식 주택으로

　1920년대 초 등장한 문화주택이 주거양식이나 외양 등 여
러모로 파격적이었던 것은 확실하나 한 가지 걸림돌이 되었던
것은 서구화된 생활양식의 실현 가능성이었다. 주택 박람회에

서 선보였던 거실 중심의 주거 공간은 사실상 당시의 생활 실정으로는 하루아침에 쉽게 적응할 수 있는 것이 아니었다. 거실이 주거 공간의 중심으로 자리 잡은 현대의 주거 형태가 당연한 것으로 여겨지지만 당시로써는 완전한 서구식의 거실을 갖는다는 것은 생활면이나 주택의 생산 측면에서도 아직 준비가 덜 되었다고 할 수 있다. 더욱이 경제적 여유가 부족한 일반인들에게 이렇게 온전히 서구 생활양식을 누릴 수 있는 문화주택은 그야말로 꿈의 주택일 수밖에 없었다.

이러한 생활양식 상의 서구화 문제는 이미 문화촌 이전부터 줄곧 제기되어 왔는데 주택개량회의 『주택(住宅)』을 살펴보면 중산층의 주택개량을 촉구하는 논설들을 쉽게 발견할 수 있다. 그중에서 와세다 대학 건축학과를 창설한 건축가 사토 코이치(佐藤功一)의 논설을 참고해 보면, 도시 중산층은 보통 셋집에서 생활하는 것이 보편적이며 땅값이 높은 도시에서 자기만의 개량주택을 갖는다는 것은 거의 불가능에 가까운 것이었다. 그러므로 그는 더욱 현실적으로 주택개량을 실천해 나가기 위해서는 간소한 생활양식에 경제적인 개량주택을 고안할 필요가 있음을 역설하였다.[6]

주택개량회는 이러한 현실성에 들어맞을 수 있도록 중류계층의 생활 실정에 맞는 개량주택을 찾기 위해 주택설계경기를 시행한다. 1916년에 개최된 주택설계경기는 부부와 아동 두명, 식모 한 명의 신식 가정에 적합한 건축비 1,500엔(현재 가치 약 1억 5천만 원) 내외의 개량주택으로 주택양식에 구애받지 않는 현실적인 개량안을 찾고자 하였다. 이것이 일본 최초의 주택 설계경기였다. 이는 주택의 서구화를 현실적 차원에서 실현할 방안으로 일상생활 공간은 재래 다다미 생활양식을 유지하고 현관 옆에 서양실의 응접실이나 서재를 두는 이른바 화양절충(和洋折衷, 일본식과 서구식의 절충) 개량주택을 성립시켰다.

켄모치 하츠지로(劍持初次郞)가 설계한 1등 당선안을 살펴보면 화양절충 개량주택의 보편적인 형태를 쉽게 이해할 수 있는데, 건평 30평의 주택에 서양실의 응접실과 서재를 두고 현관홀에서부터 가족들의 생활공간이 명확히 분리되도록 하였다. 또한 거실과 다실은 볕이 잘 드는 남향으로, 기타 식모실과 부엌 등은 북향으로 두되 모든 실이 중앙의 복도로 편리하게 연결되도록 하고 주거 내 동선을 최소화함으로써 매우 간결한 형태의 개량주택이 고안되었다. 당시 심사평에서 켄모치의 안이 본격적으로 서구화된 주택이 아니었음에 유감을 나타냈지만,[7] 중복도를 이용한 짜임새 있는 실구성은 오히려 일반인들의 생활에 적합하여 개량주택의

주택개량회의 '중류개량주택의 설계'
1등안 (『주택』, 1917.3).

전형적인 형태가 되어 일본의 도시주거양식으로 빠르게 자리 잡아갔다. 이후 근대 조선에서의 주택개량운동에도 많은 영향을 준 모델이 되었다.

주택개조박람회에서 출품된 주택들 대부분은 이와 같은 생활상 문제를 고려하여 거실 중심형과 중복도형이 복합된 형태의 개량주택으로 계획되었다. 그러나 그 겉모습만은 문화촌과 같이 서구적인 전원 주택지로 조성된 것만은 분명하다.

문화주택의 이미지화 : 자연을 벗 삼은 도시 중산층의 교외주택

이렇게 동경과 오사카를 중심으로 기획되었던 실물주택 전시는 근대기에 매우 획기적인 이벤트였으며 박람회장을 방문했던 많은 관람객으로부터 문화주택은 전혀 새로운 개량주택이라는 강한 인상을 남겼다.

주택개조박람회에는 가정여학교와 고등여학교, 여자고등사범학교, 여자상업학교, 여교원회 등 많은 여성 관람객들이 박람회장을 다녀감으로써 건축협회가 의도했던 바와 같이, 여성들의 주택개량에 대한 의식 고취와 더불어 문화주택에 대한 대중적 인식이 남녀노소를 불문하고 점차 확산되어 갔음을 짐작할수 있다.

또한 문화주택을 구매할 수 있는 계층에서부터 실제 입주해서 생활하는 사람들까지 생겨나면서 문화주택은 더욱 일상생활과 가까워졌으며 동시에 주택의 상품화가 촉발되는 계기가

오사카 주택개조박람회장의 모형(『주택근대화로의 발자취와 일본건축협회』, 1998).

되기도 했다.

결국 문화주택은 문화촌에 처음 등장할 때부터 서구화를 전제로 한 주택개량운동의 산물이다. 그러나 서구 주택을 모방한 거실 중심형 문화주택은 실생활과는 맞지 않았기에 일부 부유 계층의 전유물처럼 남겨진 채 이내 사라지고 말았다. 더욱이 문화촌이 열리고 이듬해에 일어난 관동대지진 탓에 도시주택난이 가열되면서 문화주택은 주택개량운동이 의도했던 도시주거로서의 실용성과는 더욱 거리가 멀어졌다.

오히려 문화주택은 급격한 도시화에 따른 과밀화와 도시 공해에서 벗어나 자연 친화적인 전원주택의 이미지, 특히 철도와 자동차 등의 교통수단이 발달되면서 이러한 이미지는 도시와 직장과는 분리된 도시 중산층의 전형적인 주택 양식으로 구현되었다. 문화주택은 오오쿠마가 언급했던 '최소한의 주택'보다는 서구풍 및 전원풍의 고급주택이라는 외면적 이미지로 대중들에게 각인되어 갔던 것이다.

조선에 도래한 문화주택 시대

　일본의 주택개량운동은 1920년대 실행기를 맞아 경제생활과 가족 본위를 골자로 하는 절충식의 개량주택으로 수렴되어 몇 차례의 박람회를 통해 실물 주택의 전시로까지 그 움직임이 구체화 되었다. 그 무렵 조선 건축계는 종전 이후 대성황을 맞이하여 사회적으로도 마찬가지로 생활개선운동이 본격적으로 부흥하여 주택개량의 요구가 그 어느 때보다 높아졌다. 건축가들도 미디어나 주택설계경기 및 좌담회 등을 통해 일반대중들의 주택개량 계몽 활동을 이끌어 가고 있던 시기였다. 이와 같은 사회적 분위기 속에서 조선에서도 문화주택이 도래하여 근대주거담론이 더욱 활기를 띠기 시작하였다.

문화촌 소식의 전파

문화주택은 동경 평화기념박람회의 문화촌에서부터 출현하였지만 같은 시기 조선에도 그 소식이 고스란히 전해졌다.

조선 전역에서 220여 개의 박람회 시찰단과 관광단, 관람단이 조직되어 박람회를 다녀왔으며, 외국에서 열린 근대 박람회 중에서 조선인 관람객이 5,000명에 이르는 최대 기록을 세우기도 했다.[8] 여기에는 3·1 운동으로 식민지 통치에 대한 대외

소화불량제 영신환의 선전
(『동아일보』, 1922.4.12).

적인 이미지를 실추한 조선총독부의 후원 아닌 후원이 있었고, 조선우선(郵船)회사와 만철회사도 박람회 시찰단에 한해 운임을 대폭 할인해 주며 박람회로의 대중들의 발길을 끌어 모았다.[9] 오죽하면 소화불량제를 박람회 시찰단의 상비약으로 선전할 정도였다.

박람회를 다녀온 이들은 전국 각지에서 저마다 강연회나 박람회 활동사진 상영회를 열었고, 『조선일보』와 『동아일보』를 비롯한 주요 신문들에는 연일 박람회 시찰 기사가 실렸다.

이렇게 대대적인 박람회 시찰은 조선관을 비롯한 세계 여러 나라의 출품관에 이목이 쏠렸던 것은 물론, 박람회장의 문화

촌 역시 많은 관심의 대상이 된 것은 당연한 일이었다. 더욱이 조선에서도 생활개선의 여론이 이미 활발하게 일어나고 있던 시기였기에 문화촌 소식은 새로운 주택에 대한 대중들의 호기심을 자극하기에 충분했다.

문화주택도안전람회의 개최

그런 와중에 문화주택이 대중에게 보다 직접적으로 알려지게 된 계기는 조선건축회가 개최한 문화주택도안전람회에서였다. 문화촌보다 넉 달가량 늦은 1922년 겨울, 경성과 인천을 오가며 문화주택의 도면을 전시하는 전람회가 개최되었는데 조선건축회는 이 전람회를 준비하기에 앞서 주택설계경기를 시행하였다.

조선건축회가 설립되던 1920년대 초 조선 주재 일본인 사회에서도 주택 문제에 대한 경각심이 높아지고 있었다. 특히 한반도의 기후에 맞지 않는 일본인 주택의 개선이 시급히 요구되는 가운데 조선건축회는 창립 때부터 이런 주택 문제를 비중 있게 다루고 있었으며 오사카 주택개조박람회를 이끌었던 카타오카 협회장을 초청하여 강연회를 개최함으로써 주택개량의 뜻을 확실히 내보이고 있었다.

창립과 동시에 창립 기념사업이자 건축회의 첫 사업으로 열린 주택설계경기는 『문화촌의 간이주택』에서 오오쿠마가 언급했던 것처럼 '중류 가정으로서 문화생활에 적응하는 주택개량'

의 취지 아래 일본인 주택의 개선안을 마련하는 데 목적을 두었다.

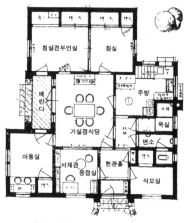

개선주택설계도안 현상모집 1등 당선안
(『조선과 건축』, 1922.11).

조선건축회는 중류 가정의 문화주택으로 건평 30평 이내에 5인 가족 그리고 건축비 5,000원(현재 가치 약 5억 원)의 설계 조건을 제시했는데 이 조건만으로 보면 문화촌의 출품주택과 비슷하거나 좀 더 높은 고급주택임을 알 수 있다. 물론 여기에는 문화촌에서처럼 가족 본위의 실구성이 요구되었던 것 외에 방한 구조 및 기타 난방 설비를 포함한 것이었다.

총 70여 점의 응모안 중 21점이 입선되었는데 1등 안과 삼등 안은 생활개선동맹회의 문화촌 출품주택과 흡사한 거실 중심형의 주택이었고, 나머지 안들은 대부분 중복도형 혹은 보통의 절충식 개량주택의 형태를 따랐다. 입선안들에서 보이는 가장 큰 특징은 방한 구조로서 벽돌로 만든 서구식 외관을 채용하고 실내에는 러시아식 페치카(Pechka, 벽돌집 또는 내화블록조의 난방용 난로)를 두어 해결하고자 한 점이다.

원래 벽돌은 서구 주택의 기본적인 구조재로 일본에서는 관동대지진 이후 철근콘크리트가 보급되기 전까지 내화 재료로써 주목받았는데, 이 벽돌 구조가 조선건축회의 주택설계경기에서 한반도의 추운 기후에 적합한 방한 구조로 재인식되었다. 문화촌이나 주택개조박람회의 문화주택들이 대부분 목구조를 바탕으로 한 서구 지향적 주택이었다면 조선에서 문화주택은 벽돌 구조를 기본으로 한 개량주택의 등장으로 시작되었다고 할 수 있다.

무엇보다 이 현상설계에서 거실 중심형 주택이 1등으로 당선되었다는 사실은 앞에서 살펴본 문화주택의 서구화 경향이 같은 시기 조선에 그대로 유입되었음을 확인할 수 있게 해주며, 카타오카 협회장을 비롯하여 문화촌에 참여했던 여러 건축가가 조선건축회에도 관여했다는 점에서도 그러한 경향이 충분히 전해졌음을 짐작할 수 있다.

조선건축회는 이 입선안들을 가지고 문화주택도안전람회를 개최하였는데, 경성에서의 전람회는 1922년 9월 21일부터 이틀간 경성일보 사옥 내청각(來靑閣)에서 열렸고 인천에서는 9월 29일 테라마치(寺町) 소학교(현 신흥초등학교) 강당에서 열렸다. 전시회가 열리는 동안 『경성일보』에는 전시회 홍보 기사가 연일 게재되면서 사람들의 관심을 불러 모았고, 인천의 전람회에서만 1,000명이 넘는 관람객이 모여 들었다고 한다. 또한 인천에서는 당일 저녁에 조선건축회 소속 건축가 사사 케이이치(笹 慶一)와 오노지로(小野二郎) 등의 문화주택에 대한 강연회를 개최하였는데 밤늦게까지 많은 청중이 몰려 그 열기가 대단했다고

주택설계 입선안(3등 1석)의 입면도와 문화주택도안전람회장
(『조선과 건축』, 『경성일보』, 1922).

한다.[10]

　문화주택도안전람회는 조선에서도 문화주택이 동시대적으로 출현하고 있다는 것과 앞으로의 주거 담론이 문화주택의 영향 아래 전개될 것을 예측할 수 있는 하나의 이벤트였다. 어디까지나 조선에 주재하는 일본인 중산층을 대상으로 한 전람회였기 때문에 당시 조선 대중의 실정과는 별개의 것이었지만 문화주택의 취지와 개량 이념은 충분히 전달될 수 있었던 계기가 되었다고 여겨진다.

조선대박람회의 개최

　1920년대 초 문화촌에서 촉발된 실물주택 전시는 그 여세가 계속되고 있었다. 동경이나 경성을 중심으로 교외 주택지 건설 붐이 일어나면서 주택지 개발회사들이 주택지의 견본주택을 전시하는 일이 보편화 되었고, 일부 주택 구매력을 갖춘 계층으로부터 문화주택의 상품화는 더욱 가속화되었다. 이런

조선대박람회장의 전경(『조선박람회기념사진첩』, 1930).

가운데 조선에서 실물의 문화주택이 박람회를 통해 공개적으로 대중 앞에 선 것은 문화촌이 세워진 지 7년 후인 1929년의 조선대박람회에서였다.

이미 조선에서도 박람회는 더 이상 낯선 이벤트가 아니었다. 1907년 조선 최초의 경성박람회를 시작으로 1915년 매일신보사의 가정박람회와 조선총독부의 조선물산공진회, 1926년 조선신문사의 조선박람회 및 1927년 경성일일신문사의 조선산업박람회 등 총독부를 비롯한 관청과 신문사, 백화점 주최로 전시회와 품평회, 전람회 등의 이름으로 각종 박람회가 줄곧 열렸다. 대부분 박람회는 일본인이 주최하여 그들의 대외적 과시를 위한 목적으로 열렸지만 조선인들의 관람객 규모도 만만치 않았다. 일례로 최초의 경성박람회만 하더라도 20만 명의 관람

자 중 73퍼센트 정도가 조선인이었다고 한다.[11]

조선대박람회는 조선총독부가 시정 20주년을 기념하기 위해 동년 8월부터 두 달간 경성 경복궁에서 개최한 박람회로 총독부는 그동안의 식민통치 실적과 근대화된 경성을 대외적으로 선전하고자 하였다. 박람회장의 총 대지 면적은 약 10만 평이고 전시관 평수가 모두 1만 8,000평에 이르는 대규모 박람회였다. 이 때문에 광화문을 비롯해서 경복궁의 이곳저곳이 훼손되기도 하였다. 실제 박람회장에는 산업관을 비롯하여 미술공예관, 건축관과 위생관, 활동사진관 등의 전시관과 전국 각지로부터의 특설관, 그리고 일본 각 지방의 내지관 및 대만관 등 외국 지역의 출품관들이 배치되었다.

조선대박람회는 박람회 동안 70여만 명이 넘는 경이적인 관람객 수를 기록했는데 여기에는 박람회장의 전시관들뿐 아니라 연예관이나 코도모쿠니(子供國, 아동 나라) 등과 같은 오락과 유흥 시설도 관람객을 끌어 모으는 데 큰 역할을 했다. 경성뿐만 아니라 각 지방에서도 박람회를 관람하기 위해 많은 사람이 열차와 배를 타고 상경하는 소동이 벌어졌다. 평화기념박람회 때와 마찬가지로 열차와 배 운임을 할인해 주면서 박람회가 개최된 지 한 달여 만에 철도 수송 인원만 40만 명을 넘어섰다. 철도국에서는 지방과 경성 간의 수송 문제를 해결하기 위해 임시 열차를 증편하고 객차 확보에 전력을 다했다. 객차가 부족하면 수하물 차량에 다다미를 깔아 객차로 사용할 계획도 세웠다.[12]

이러한 조선대박람회의 규모나 다양한 이벤트 및 대중들의 호응도 그렇지만 무엇보다 조선대박람회에는 평화기념박람회 때와 같이 실물 전시주택이 조선에서 처음으로 등장했던 박람회였다. 문화촌과는 규모 면에서 비교할 수준은 아니었지만, 대중들의 관심과 호응은 매우 높았다고 한다. 박람회에 실물의 문화주택 출품을 주최했던 것은 문화주택도안전람회를 개최했던 조선건축회였다.

개량주택의 모범을 보여주자

조선건축회는 박람회가 열리기 6개월 전부터 주택 출품을 준비해 왔는데 건축회 내부의 준비 위원회는 도시 중산층의 개량주택으로 건평 20~40평의 단층 혹은 2층으로 평당 건축비 150원(현재 가치 약 1,500만 원) 내외로 정함으로써 규모나 비용 면에서 이전의 주택 박람회와 별반 차이가 없는 고급스러운 문화주택을 지향하고 있었다. 그리고 200여 평의 부지를 받아 세 채의 주택을 전시하기로 하고 타다구미(多田組)를 비롯하여 당시 한반도에서 활발하게 건축 활동을 하고 있었던 세 곳의 건축 사무소에 주택 설계를 의뢰했다.

조선건축회는 주택 출품을 준비하는 동안 일본의 박람회에서 출품주택의 사후 처분 문제가 곤란했던 점을 우려하여 처음부터 주택건축 희망자를 모집하였다. 희망자 본인이 집을 짓고자 하는 부지를 결정해 놓고 그것에 맞게 주택을 설계, 시공한 다음 전시가 끝난 후에 이축하는 방식이었다. 이축비는 출품 중에 시공업체와 설비업체로부터 광고비 명목으로 대신 공사 단가를 낮추어 마련하였다. 건축비는 당초에 평당 100원 정도로 예상하였으나 공사 과정에서 각 주택 희망자들의 요구와 기호가 더해져 세 주택 모두 평당 건축비에 150원이 넘는 금액이 소요되었다.

출품된 주택 중에는 대체로 단층의 1호 주택이 가장 호응이 좋았으며 그만큼 사려고 하는 희망자들이 많았다고 한다. 당시 용산에서 살던 토쿠야 유조(德屋勇三)라는 사람이 1호 주택을 관람하고 남긴 감상을 읽어 보면 1호 주택이 문화주택으로서 어떤 인상을 남겼는지 알 수 있다.

외견은 조금 아메리카의 방갈로를 떠오르게 한다. 하얗게 발라진 새시 파고라는 벽돌조에 어울리지 않는 경쾌함을 나타내고 있다. 현관은 북측에 있다. 오른쪽 응접실 겸 서재는 양식의 밝은 실로, 목포석(전라도 목포산 화강암)의 화이어 플레이스(벽난로)에는 전기 스토브가 설치되어 있다. …… 온돌은 가장 좋은 위치에 있다. …… 이곳은 노인실이 되기도 하고 또는 아동실이 되기도 하며 부엌과의 관계도 매우 좋다. 여러 가지 용도의 실로서 편리하게 사용할 수 있는 실이다. …… 변소, 화장실, 욕실은 평범하게 늘어서 있으나, …… 화장실에는 조금 고심한 설비가 있다. …… 이상 각 실의 비율이 좋게 계획되어 있다(『조선과 건축』, 8집 10호, 1929.10).

조선대박람회의 문화주택 전시장 전경과 출품주택들.
오른쪽 위에서부터 아래로 1호와 2호, 왼쪽 아래는 3호.
(『조선과 건축』『조선박람회기념사진첩』, 1929).

1호 주택만 보더라도 외관이 방갈로풍의 서구적 분위기인
것은 이전의 문화주택도안전람회 때와 마찬가지였다. 그러나
출품주택의 내부는 더 이상 거실 중심의 서구 주택이 아니라
중복도형의 화양절충 개량주택의 실구성에 따라 실생활에 맞
게끔 개량된 것이었다.

화양절충 개량주택과 온돌

조선대박람회에 출품된 문화주택은 현관 옆에 서양실의 응
접실을 두고 중복도를 이용하여 간결한 실구성의 중복도형 배
치수법을 따르고 있다. 단, 2호 주택은 편복도를 이용한 절충식
의 개량주택으로 노인실을 따로 두었기 때문에 변소가 2곳에

출품주택 1호의 외관 입면과 양풍 응접실 내부
(『조선과 건축』, 1929.10).

설치되었고 3호 주택은 2층의 발코니가 돋보이는 문화주택이라는 평을 받았다.

출품주택이 앞서 살펴본 문화촌이나 주택개조박람회에서와 같이 거실 중심형 서구식 기거양식을 모델로 하지 않았던 것은 이미 일본에서 문화주택이 사라진 후 중복도형으로의 주택개량론이 우세했던 영향이 컸다. 조선건축회는 화양절충의 중복도형 주택을 기본으로 하고 여기에 한반도의 기후적 특성을 반영해 조선 고유의 온돌 난방방식을 채택하였다. 출품주택의 난방 장치로 1호 주택은 전열기(전기스토브)를, 2호와 3호는 온수난방 시설을 갖추었고 자재 역시 될 수 있는 대로 조선산 재료를 이용하도록 했고 출품주택 모두 온돌을 중요한 방한 설비로서 채용하고

출품주택 1호의 평면
(『조선과 건축』, 1929.10).

있었던 것이다.

현관 옆 서양실의 응접실이 서구화를 상징하는 것에 반해 온돌은 가족생활의 공간으로 다다미와 함께 일상생활과 밀착되어 있었다. 특히 실구성상 온돌방은 볕이 잘 들면서도 부엌과 바로 연결되는 곳에 있어 가족들의 식사실로도 사용되고 부인과 자녀의 일상 공간으로서 중심적 위치에 있었던 점에 주목할 필요가 있다. 조선에서의 문화주택은 일본의 절충식 개량주택이 그대로 도입된 것이 아니라 온돌의 기거양식이 접목되어 새로운 근대 주거양식으로 자리를 잡아 가고 있었기 때문이다.

문화주택 이미지의 대중화

조선대박람회의 문화주택 전시는 실제로 성공적이었다. 출품주택의 관람객이 수십만 명에 이르렀다고 하며 조선건축회는 동마다 하루 평균 200명 이상, 최대 700명의 관람객이 다녀간 것으로 집계하였다.[13] 이렇게 기록적인 관람객을 모을 수 있었던 것은 그만큼 주택개량의 문제가 사회 전반의 관심사였던 것도 있지만, 박람회장 내에서 출품주택의 위치도 관람객을 모으는 데 한몫했다.

박람회장 안내도에서 보듯이 주택 전시장은 오락 시설이 밀집해 있는 코도모쿠니의 입구 바로 옆에 위치했기 때문에 아이들과 손을 맞잡고 박람회장을 구경하러 온 가족들이 가장 많

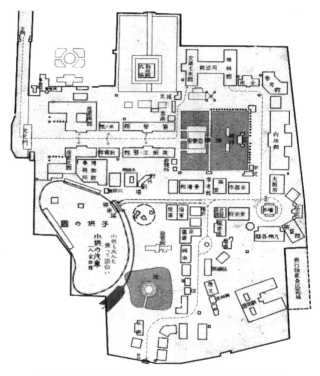

조선대박람회장 안내도. 중앙의 O표시한 곳이 문화주택의 전시장을 가리킨다.
(『조선박람회 관람안내』, 1929).

이 모여드는 곳에 있었던 셈이다. 이로써 출품주택은 부모와
아이 한두 명의 소위 신식 가정을 대상으로 화목하고 단란한
가정생활을 위한 새로운 주택으로서 더욱 주목받았다. 즉, 문
화주택 전시는 주택개량의 사회적 인식 확산과 더불어 신종 주
택으로서의 대중적 접근성을 높였던 계기가 되었다.

이러한 의도는 조선건축회가 관람객의 이해를 돕기 위해 배포한 출품주택 설명서에서도 알 수 있는데, 설명서에는 '실제 주택개량의 실천에 많은 어려움이 따르기 때문에 주택개량에 대한 일반인들의 관심을 높이고 궁금증을 없애기 위한 실물의 모델로서 문화주택을 전시한다'고 밝히고 있다. 백문이 불여일견이라 했던가. 주택개량의 모범이 되는 실물을 직접 눈으로 보는 것만큼 확실히 그 계몽 효과는 컸다. 조선건축회는 설명서 11,000부를 제한적으로 배포하였으나 이마저도 모자랄 정도였다고 하니 조선대박람회의 문화주택에 대한 대중들의 이목이 얼마나 집중되었는지를 알 수 있다.

또한 설명서에는 각 출품주택의 건평과 소요실, 설계상의 특이점, 소요 자재와 공사비, 기타 설비 및 시공업체에 대한 정보를 빠짐없이 기록해 놓았다. 이쯤 되면 단순한 설명서라기보다는 오늘날 아파트 모델하우스에서 배포되는 홍보 팸플릿과 다름이 없었다. 애초에 주택의 처분을 고려하고 있었기 때문에 결과적으로 이전의 문화촌이나 주택개조박람회와 같이 조선에서도 상품으로서의 주택 판촉이라는 근대적 주택시장 구조가 점차 형성될 것을 암시하고 있다.

이 주택들이 전부 어디로 이축 되었는지는 알 수 없으나 신문 기사에 의하면 인기가 가장 많았던 1호 주택은 박람회가 끝난 후에 경성 동부의 소화원(昭和園)이라고 하는 주택지(현 장충동 일대)로 이축 되어 개인주택으로 사용되었다고 한다.[14]

그러나 이러한 문화주택의 보급에 걸림돌이 되는 것은 역시 공사비였다. 도시 중산층에 적합한 주택이라고는 했지만, 실제 1호 주택의 건축비는 난방과 전기, 수도 및 실내장식을 포함하여 5,400원(현

소화원 문화주택지의 전경
(『경성일보』, 1930.11.20).

재 가치 약 5억 4천만 원), 2호가 6,900원(현재 가치 약 7억 원), 3호가 6,700원(현재 가지 약 6억 7천만 원)으로 문화주택의 건축비가 평균 6,300원(현재 가치 6억 원 상당)이라고 할 수 있다. 당시 중산층(실제로는 상류층에 해당된다)에 해당하는 샐러리맨의 연간수입이 1,000~3,250원(현재 가치 약 1~3억 원)에 비하면 이러한 주택을 구매하기에는 큰 부담이었다. 더욱이 경성의 조선인 중에서 중·상위계층이 전체 인구의 약 10퍼센트밖에 되지 않았고, 연간수입이 400원(약 4천만 원) 이하의 소득계층이 70퍼센트를 넘고 있던 상황[15]에서 문화주택을 사기 위해서는 오늘날과 같이 돈을 빌리거나 은행에서 대출을 받지 않고서는 여간 어려운 일이 아니었다. 이 때문에 총독부 내무국 토목과의 사카모토 요시카즈(坂本嘉一)는 경성의 월 주거비 27~28원(현재 가치 약 30만 원)을 기준으로 하는 중류와 빈민계층 사이의 계층인 대다수의 경성 주민에게 적합한 모범적인 문화주택이 개발되어야 함을 언급하였다.[16]

도시 중산층을 목표로 한다는 문화주택은 사실상 돈벌이가

좋은 샐러리맨에게도 감당하기 벅찬 주택이었으며 애초에 문화주택이 출현할 때부터 생겨났던 고급 주택의 이미지는 조선 사회에서 더욱 높아져 갔다.

이렇듯 사람들은 동경평화기념박람회의 문화촌에서 유래되어 서구화의 색이 짙었던 주택을 문화주택이라 부르기 시작하였다. 실구성상의 변화에서 보았듯이 그 명칭은 단지 확고한 주거양식으로써 확립된 것이 아니라 막연히 새로운 주택을 가리키는 의미로 통용되는 것이다. 결국 문화주택은 도시 중산층의 개량주택으로써 제안되었지만 현실적으로는 소수 상위계층에서 유효한 주거유형이었던 것을 알 수 있다. 더욱이 조선에서 이 정도의 문화주택을 짓고 살려면 사회적으로도 지위가 높은 극소수의 계층에서나 가능한 것이었으며, 외국생활을 경험하거나 유학을 다녀온 일부 부유한 지식인 계층을 중심으로 문화주택은 하나의 멋과 유행처럼 번져 나갔다.

문화인의 양옥, 피아노 소리에 도취되다

경성에 부는 문화주택지 개발의 붐

경성에 문화주택이 들어서기 시작한 것은 삼판통(현 용산구 후암동 일대)의 일본인 주거지부터였다.

지금의 서울역에서 남산으로 올라가는 기슭에 일본인 관사들이 하나둘씩 들어서기 시작하다가 본격적으로 문화주택지가 형성된 것은 조선은행사택이 들어서면서부터였다. 과거 남산 일대는 구 조선총독부 청사를 중심으로 일본인 거주지가 형성되기 시작하여 북으로는 지금의 명동 일대로, 남으로는 삼판통 일대를 거쳐 용산까지 그 세력을 넓혀가고 있었다. 특히 삼판통 일대는 1920년대 중반에 조영된 조선 신궁(현 남산공원)

서울역 앞 후암동 244-10번지에 현존하는 조선은행사택의 건물. 지금은 사무실로 사용되고 있지만 내·외부의 원래의 모습이 비교적 잘 남아 있다(2003년 본인촬영).

아래에 놓인 양지바른 구릉지로 주택지가 있기에 매우 좋은 곳이었다.

조선에서 활발한 주택개량론을 펼쳤던 건축가 오노지로의 설계로 1922년에 준공된 조선은행사택은 벽돌식이 아닌 철근 콘크리트의 근대식 외관에 온수난방과 수세식 화장실 등 최신식 설비만으로도 큰 주목을 받았던 주택이었다. 시기적으로 문화주택의 발상지였던 일본보다도 이른 시기에 지어졌던 이례적인 문화주택이었기에 조선건축회에서는 견학단을 구성해서 개량주택의 모범으로 일반인들에게 선보일 정도였다.[17]

당시 경성일보에서는 이 삼판통 일대에 문화주택지가 확장되어 가고 있던 당시의 상황을 이렇게 설명하였다.

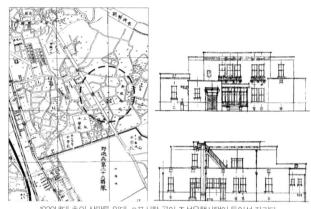

1920년대 초의 삼판통 일대. ○표시한 곳이 조선은행사택이 들어선 자리다.
이곳을 중심으로 주변 일대에 문화주택들이 들어섰다.
오른쪽은 부장급 사택의 입면으로 평지붕의 근대적 건축미가 느껴진다.
『조선과 건축(1927.5.)』『근대일본의 교외주택지(2001)』.

삼판통은 좋은 곳이다. 조선은행의 사택이 나온 후부터 삼판통에 사는 호수가 점점 늘어난다. 벌써 이 곳은 10년이나 되었다. 경성에서 가장 일찍 개발된 곳이 바로 삼판통이다. …… 지금 한창 새로운 건물이 지어지고 있다. …… 너비 20만평인 삼판통 일대는 조선은행사택을 중심으로 하루하루 확대되어 간다. 삼판통은 경성에서 가장 큰 주택지일 것이다(주택점경-원조의 삼판일대, 목재도 싸고 임금도 싸고 지금이 집을 지을 때다. 『경성일보』, 1930.11.30).

삼판통에서 시작된 문화주택지 개발 붐은 이 일대뿐 아니라 주택지가 들어서기 적당한 곳이라면 어디든 택지가 조성되기 무섭게 문화주택들이 들어섰다. 민예 연구가 아사카와 노리타

왼쪽은 경성 삼판통의 문화주택지 전경. 오른쪽은 같은 시기 경성 동부의 동서헌정에 들어선 문화주택지 전경(『조선의 취락』, 1937).

카가 문화주택 시대라고 일컬었던 1930년대는 이러한 개발 열기를 두고 한 말이었을까. 그는 '화양절충의 서양식 유행을 따르는 집들이 언덕 위에 한두 동 지어지더니 몇 달 후에는 점점 그 주위로 널려 있고 1년이 지난 뒤에는 언덕을 묻어 버렸다'고 할 정도로 문화주택지 개발은 매우 빠른 속도로 진행되었다.[18]

문화주택은 1920년대 중반부터 경성 시내 곳곳에 출현하기 시작하더니 1930년대에는 경성의 도시계획 실행과 더불어 새로 편입되는 교외 지역을 중심으로 확장되어갔다. 경성 동부, 지금의 신당동과 장충동에 해당하는 동서헌정(東西軒町) 일대는 문화주택지들이 들어섰던 대표적인 지역이었으며 동양척식회사의 방계회사인 조선도시경영회사가 조성한 신당동의 사쿠라가오카라든지 장충동의 소화원, 현 갈월동 일대의 츠루미가오카(鶴ガ岡) 등 크고 작은 주택지들이 계속해서 들어섰다. 조선도시경영회사는 1934년 신당동 사쿠라가오카 2차 주택지 분양에 오사카 주택 박람회에서와 같이 견본주택 몇 채를 짓고 전시회를 열어 주택을 분양하고 판매하기도 하였다.

문화주택지 개발 붐은 지금의 강북 지역에만 머물지 않고

47

멀리 한강 이남의 현 흑석동에 조성되었던 명수대(明水臺)에 이르기까지 그칠 줄 모르고 확장되었다. 1920년대부터 경성과 그 주변으로 민간 주택지 개

사쿠라가오카 문화주택지에 전시된 견본 문화주택
(『문화주택도집』, 1934).

발회사에 의해 조성된 문화주택지만 70여 곳에 이르렀으며 개발 면적으로 보면 규모가 작은 주택지는 1,000평, 큰 것은 20만 평에 이르는 것도 있었다. 보통 10,000평 규모의 문화주택지들이 1940년 가을까지 경성 교외를 중심으로 들어섰다고 한다.[19)]

이렇게 경성 곳곳에 들어선 문화주택지는 문화주택의 대중적 열풍을 일으킨 시발점이었지만 실상 문화주택의 주인은 대부분 일본인과 극소수의 조선인 상류계층이었다. 1920년대 초 일본인들의 관사와 사택이 급증하고 그 주변으로 문화주택지가 곳곳에 들어서면서 기존 거주민들의 이주 문제가 사회적으로 이슈화되기도 했다.

경성 동부의 대표적인 문화주택지였던 신당동 사쿠라 가오카 주택지나 흑석동 명수대가 들어설 때만 하더라도 청부업자들을 동원한 무력에 빈민계층의 주택이 철거되어 주민이 거리에 나앉게 되거나 오랫동안 일궈온 농민들의 삶의 터전이 파멸되는 문제로 신문지상은 연일 떠들썩했다.[20)] 이러한 개발 세력과 주

민과의 충돌은 이미 근대에서부터 시작되어 오늘에 이르고 있다.

붉은 벽돌집에서 내려다보이는 진풍경

조선대박람회에서 문화주택의 실물 모델이 선을 보일 무렵 문화주택에 대한 대중들의 관심은 날로 높아져 갔다. 1930년대에는 각종 미디어에서 문화주택에 대한 사회적 관심사를 실감할 수 있는 기사들이 쏟아져 나왔다.

문화주택들이 곳곳에 들어서면서 대중들이 가장 먼저 눈을 돌렸던 것은 제각기 근대적 모양세를 뽐내는 문화주택의 화려한 모습이었다. 1937년 『조광(朝光)』의 '춘광춘색(春光春色) 의 제상(種種相)'이라는 기사는 명랑 편과 암흑 편으로 나누어 당시 경성의 여러 모습을 담아내고 있는데 그중에 따뜻한 봄을 맞이한 어느 문화주택지의 풍경을 다음과 같이 전하고 있다.

이 곳은 A町 文化住宅地이다. 뒤로는 鬱蒼한 松林이 있고 앞으로는 시내가 흘으고—해볕이 따뜻이 빛이는 해양한 一帶에 彩色의 浮宮이 날아갈듯이 버려 있다. 빨간 벽돌집, 파란 세멘집, 노란 石炭집— 가지各色의 二層 洋館이 하늘에나 떠올를 듯이 버려있다. 그리고 한 옆으로는 네 귀를 장자리 날개같이 반짝 치거올리고 '와네쓰' 기름을 반들반들 멕인 豪華의 朝鮮瓦家가 줄을 지어 버려있다. 地上樂園

49

─ 所謂 現代文化를 享樂할 수 있다는 理想의 住宅들이다.
記者는 歐美의 어떤 郊外住宅地나 본듯이 無條件으로 讚
辭를 주며 매끈하게 닦어진 鋪道우로 한거름 한거름 걸어가
게 되었다. 뒤에서 뿡하는 警笛소리가 난다. 놀라 도라보니
三七年式 流線型 시보레 自動車 한 臺가 미끄러지듯이 굴러
온다. …… 그 自動車 뒤를 어슬렁어슬렁 따라갔다. 自動車
는 율메기 배암같이 스피드를 내여 …… 저쪽 골목으로 사
라진다. 記者는 自動車가 살아진 골목을 돌아 이곳 文化住
宅街의 王者인 K氏집을 찾게 되었다(『조광』, 3권 4호, 1937.4).

기자는 안면이 있다는 K씨 집을 방문하기 위해 이곳 문화주
택지를 찾아왔는데 그가 바라본 주택지의 풍경은 빨간 벽돌집,
파란 시멘트 집, 노란 석탄 집 등 형형색색의 주택들이 늘어선
모습이 주로 묘사되고 있다. 마치 서구의 교외 주택지에 들어
온 듯한 착각을 일으킬 정도였다고 하며 한편으로는 하늘 높이
추어올린 처마 위에 거대한 지붕을 얹은 한옥들도 문화주택의
대열에 나란히 서 있었다고 한다. 거기에 '유선형'의 고급 승용
차의 등장은 문화주택지의 고급스러움을 한층 더 자아내고 있
었으며 승용차를 따라 기자가 찾아간 K씨의 문화주택의 첫인
상은 다음과 같이 전한다.

鐵門을 열고 드러가니 三百餘坪이나 되는 넓은 庭園에
상나무, 잣나무, 소나무 等 常綠樹가 한옆으로 버려있고 白

桃紅桃가 紅白의 우슴을 날리며 봄바람에 웃고 있다. ……
쉐바트 두 마리가 호랑이 같이 소리를 질으며 달려온다. 이
쉐바트는 고기만 먹고 자라고 고기 중에서도 로쓰만 먹고자
란 개이라 무섭고 날래기가 범한가지다. …… 이 집에서는
사람 以上으로 잘먹고 또는 勢를 쓰는 權力者이다. …… 흰
벽돌로 白堊館 같이 지은 二層洋屋 … 庭園을 돌아 舍廊으
로 向하는 동안에 二層에서는 피아노 소리가 울리고 아레
層에서는 레코트 소리가 華麗한 音律을 傳하고 있다. ……
그의 居室로 들어가니 二三百圓 가량이나 된다는 자개장
이 있고 그 外에 華麗한 테블과 椅子, 舳來電氣蓄音器 그리
고 온갖 名畵와 刺繡 더구나 百圓式이나 주었다는 파랑새
두 마리가 窓門 옆에서 울고 있다. …… 事實 그에게는 健康
이 있고 돈이 있고 趣味가 있고 무엇이든지 있으니 산범의
코라도 베여먹을 수 있을 듯 하다. 今年 봄을 맞이하는 사람
中에 가장 즐겁고 愉快한 봄을 맞는 사람일 듯하다(『조광』, 3
권 4호, 1937.4).

　백악관처럼 지은 2층 양옥은 갖가지 화초를 심은 넓은 정원
에 사람보다 잘 먹고 사는 고급 애견, 고급 가구와 애장품으로
꾸며진 거실을 갖추고 있었다. 거기에 우아한 피아노와 레코드
소리는 문화주택의 기품을 한층 돋보이게 하고 있다. 기자는
이렇게 문화주택이며 풍요로운 삶을 누리는 K씨가 세상에서
가장 행복한 사람이라고 단언한다.

한성상업학교 설립자였던 우종관의 문화주택(1932)과 당대 최고의 조선인 부호였던 최창학의
문화주택(1938) 응접실 내부전경(『조선과 건축』).

이 단편의 기사에서도 드러나듯이 당시 대중들에게 문화주택은 2층 또는 3층의 벽돌집이나 양옥집 또는 높은 집으로 인식되었다. 이러한 인식은 매우 오랫동안 지속되어 1960~70년대에 2층의 양옥집이 도시주택의 보편적인 형태로 자리 잡기까지 큰 영향을 주었다.

무엇보다 근대적 건축양식의 고급스러운 모습이었던 주택 자체에 현혹되기도 하였지만 대중들이 가장 선망했던 것은 문화주택에서 사는 '문화인'의 모던한 삶이었다. 오늘날 타워팰리스가 최고급 주상복합 아파트의 대명사가 되고 그곳에 사는 사람들의 삶을 궁금해 하듯이 문화주택의 내부와 그 안에서 아방궁같이 사는 문화인들의 삶에 대한 호기심과 동경은 예나 지금이나 다름이 없다.

K씨의 문화주택뿐만 아니라 대부분의 문화주택 탐방기에서는 이러한 문화인의 삶을 표현하는 수단으로 고급스러운 실내가구와 장식, 생활용품들이 등장한다. 라디오, 피아노, 레코드, 샹들리에, 벽난로, 커튼, 카펫, 소파, 테이블 같은 서구식이면서

고급스럽게 치장된 주거 공간에 시선을 맞춘다. 이러한 장치들은 문화주택에서의 삶이 더욱 윤택하고 현대적이게 보이도록 하는 요소들이자 문화주택의 우월적 삶을 대중들에게 전달하는 상징물이 되었다.

그래서일까. 예전에는 집 거실에 고급스러운 가죽 소파와 응접 테이블 그리고 전축 한 대, 피아노 한 대쯤은 놓고 살아야 중산층이라고 명함이라도 내밀 수 있다는 인식이 팽배해 있었던 적이 있다. 지금은 시대가 많이 변하고 익숙해져 버린 일상이지만 그러한 관념이 이 문화주택의 동경심으로부터 생겨나서 우리의 주거의식에 잔존하고 있다고 생각된다.

이러한 문화주택의 우월성은 다음의 짤막한 시에서도 여지없이 나타난다. 이 시는 '설샘'이라는 필명으로 1939년 『여성(女性)』에 실린 '文化住宅'이라는 제목의 시다.

> 壁에서 으르렁대는 족자범이
> 호을로 낮을 직히는 房
> 窓에 기어든 별이
> 房마루 毛席우에 어른대다가고
>
> 靜寂에 잠긴 이 집은
> 다못 潤나는 廊下 미끄러운 마루짱이
> 지날때마다 소리곱게 잘 울곤하였다.
> 소란한 거리 아름다운 建物들이

멀-니 눈아래에 전개되어
한손에 쥐일듯한 高臺의 배란다

이 住宅主人 文化人은
때가끔 藤椅子를 이리로 끌고 나와
따스한 볕을 쪼이며 沈想하기를
즐긴단다.

오오, 아름다운 저 『피아노』 소리에
어느 平和한 房
어여뿐 少女가 뜯는 陶醉曲이뇨

　이 시를 통해 알 수 있듯이 윤이 나는 마루와 멀리 내려다
볼 수 있는 높은 베란다 그리고 울려 퍼지는 아름다운 피아노
선율은 문화주택 하면 떠오르는 심상들이었다. 특히 문화주택
의 전형적인 건축양식 중의 하나인 베란다 혹은 발코니(현대의
건축법상으로는 엄밀히 구조적 차이가 있으나 당시에는 구별 없이 혼용되었
다)는 그 높이만으로도 외부와는 의도적으로 단절된 상징적 공
간으로, 종종 문학작품에서도 문화주택의 비현실성을 부각하
는 장치로 배치되곤 하였다. 이 시에서 등장하는 문화주택의
주인은 이 베란다에 등나무 의자를 갖다 놓고 앉아서 아름다
운 피아노 소리를 들으며 멀리 풍경을 내려다보며 자아적 우월
감에 도취해 있음을 알 수 있다.

물질 만능주의의 세태 : 혼수상품 문화주택

이처럼 당시 미디어에 나타난 문화주택은 대중들의 삶과는 동떨어진 대상이었다. 이것은 문화주택이 태생적으로 고급 주택이었던 점과 우리에게는 생소한 외생적 주거형식이었던 점에도 기인하지만 문화주택이 보통 사람들은 범접할 수 없는 별개의 안식처로 각인되었던 것은 분명하다. 그래서 미디어 속의 문화주택은 살기가 좋은 집인지, 생활하기에 편리한 집인지에 대한 거주성의 문제보다는 누구나 한 번쯤은 갖고 싶고 살아보고 싶은 욕망의 대상으로써 비쳤다. 자기 과시적 수단으로써 문화주택은 우리가 고급 아파트나 외제 승용차를 선호하는 것처럼 부의 축적과 신분상승의 욕구를 표출하는 상징물이었다. 그러한 욕망은 당시의 사회적 세태에 고스란히 투영되었다.

당시 자유연애와 자유결혼을 외치던 신여성들은 정신적 사랑도 중요했지만 다이아몬드 반지나 자가용, 문화주택과 같은 물질적 풍요를 결혼 조건으로 내세우기도 했다. 실제로 그러한 헛된 욕망을 악용해 결혼 사기를 당하거나 파경을 맞는 사건이 심심찮게 신문지상을 장식하였다.

1934년 10월의 어느 날 경성지방법원에는 목포 출신의 이금순이라는 처녀로부터 사기, 유괴 사건이 접수되었다. 그녀의 사정을 들어본즉슨, 목포에 사는 인쇄공장 직원 정규철이라는 작자가 자기와 결혼해서 경성에 올라와서 살면 문화주택도 지어주고 피아노도 사주겠노라 약속을 했다고 한다. 그 말만 믿

고 그를 따라 경성에 올
라온 이금순은 곧 정규
철이 자신을 카페 여급
으로 팔아 돈을 챙기려
는 것을 눈치 채고 사기
로 고소한 것이었다. 결
국 정규철은 징역 3년
의 구형을 선고받았다.[21]

신여성들의 결혼관을 풍자한 안석주의 만문만화
(『조선일보』, 1930.1.12).

이보다 1년 늦은 1935년 10월에는 스물셋의 박경수라는 여
성이 정조 유린의 대가로 위자료 1만 원(현재 가치 약 10억 원)을
청구한 사건이 그녀의 사진과 함께 대서특필되었다.[22] 청구한
위자료 금액도 어마어마했지만, 그보다 위자료를 청구한 대상
이 당시 조선의 갑부이자 은행가의 아들이었던 민병준이었다
는 사실이 더욱 사람들의 이목을 끌었다. 잡지 기자로 일하던
박경수는 이미 혼담이 오가는 사람이 있었으나 우연히 만난
민병준이 자기가 지어놓은 문화주택에서 같이 살자는 유혹에
꾀여 혼담도 마다하고 그와 함께 살았다고 한다. 그러나 한 달
도 안 되어 그 문화주택이 실은 셋집이었으며 민병준은 경제가
곤란하다는 이유로 사라져 버렸다는 이야기였다.

그 밖에도 남편을 여의고 교원생활을 하던 엘리트 과부가
문화주택을 미끼로 정조를 유린당했다는 사건[23] 등 유사한 결
혼사기 및 위자료 청구사건들이 자주 신문지상의 가십거리로
등장하곤 했다.

문화주택의 사회적 열풍 확산

이러한 부정적인 사건들에도 불구하고 문화주택을 향한 대중의 열기는 사그라질 기미가 없었다. 심지어 문화주택이 백화점의 경품으로까지 등장하면서 추첨을 받기 위해 장사진을 이루는 광경이 펼쳐지기도 했다. 요즘 백화점에서 외제 승용차나 아파트를 경품으로 내건 것과 같은 꼴이다.

1932년 종로의 대표적인 민족 백화점인 화신백화점과 동아백화점은 고객유치 경쟁을 위해 특별 경품으로 문화주택을 내걸었다. 먼저 화신백화점은 화신상회의 주식회사 상장과 증축 기념으로 20여 평의 문화주택을 전례 없는 경품으로 내걸었다.[24] 이에 질세라 동아백화점은 석 달 후에 성북동의 문화별장을 경품으로 내걸었다.[25] 경품은 추첨을 통해 각각 동대문 유치원의 보모 이명희 씨와 공평동에 사는 박두종 씨에게 증정되었다고 한다.

한편 이 무렵 대중잡지 『삼천리(三千里)』에는 돈 없는 도시 중산층 샐러리맨들의 귀를 솔깃하게 하는 기삿거리도 실렸다.[26] 너도나도 갖고 싶은 문화주택을 현실적으로 마련하기 위해 자금을 어떻게 융통해야 하는지 상당히 구체적인 비법을 친절히 설명해 주고 있는 것이었다. 당시의 주택자금 융통

화신백화점의 문화주택 경품추첨 광경
(『동아일보』, 1932.6.11).

은 어떻게 하는 것이었는지 조금 장황하지만, 그 설명을 들어
보자.

멋 천 백 개의 住宅經營會社가 나고, 建物會社가 나고,
私私로히도 집장사, 請負業者가 跋扈하고 銀行, 金融組合,
無盡會社 등등에서도 住宅資金의 名目으로 資金貸附를 하
나 …… 집진 뒤에 그것을 典當 잡기로 豫約하고 돈을 꾸어
주는 것이다. 이것이 世所謂 住宅資金이라는 것이니 ……
一定한 收入이 잇는 『샐래리맨』으로서, 手中에 一分錢도 업
는 사람은 6개월 乃至 1개년을 고생을 하여야 한다. 그것은
貯蓄銀行에 대한 殖産積金을 開始하는 까닭이다. 第一 먼
저 500圓의 殖産積金을 하기로 하면 每月 13圓 15錢式 拂
込을 하면 6개월만에는 半額을 融通(要二人保證)을 밧을 수
잇고 1년을 잘 拂込하면 500圓 全額의 信用貸附를 바들 수
잇스니, 그것을 가지고 垈地를 사서 亦是 第二次로 擔保貸
附를 밧고, 다시 三次로 建築을 畢한 뒤에 그것을 擔保로
하야 建築費를 淸帳하는 方法이니, 이러케 한 뒤에 5년, 最
長期로 7년을 두고 혹은 年賦로, 또는 月賦로 부어가면 되
는 것이니, 月賦로는 金利가 六厘 五毛이니 每圓의 65錢이
利子오, 年賦로 논하면 7分 5厘, 즉 每 100圓 매년 利子가 7
圓 50錢이니, 이 방식대로 부어가면 부어가는 本金 이 주러
들므로 利子도 체감되는 것이니 이 方法이 가장 有利는 한
데 固定한 收入으로, 殖産積金의 掛金과, 담보대금의 辨濟

金과 능히 支拂할 수가 잇슬 것인가가 問題이다(『삼천리』, 8
권 6호, 1936.6).

즉, 적금을 들어서 적금으로 신용대출을 받고 그 돈으로 문
화주택을 지을 땅을 산 다음 다시 토지로 담보대출을 받아서
주택 건축비를 충당한다. 그리고 신용대출금과 담보대출금을
최장 7년으로 월식 혹은 년식으로 나누어 이자와 함께 갚아
나가는 방식이다. 여기서 알 수 있는 것은 그 당시에도 지금의
건설회사와 같은 주택경영회사나 건물회사, 작게는 소규모 집
장사들이 주택 건설을 주도하고 있었으며 여기에 은행이나 금
융조합, 무진회사(상호신용금고의 옛말) 등에서 주택자금을 융자해
주는 방식이 존재하고 있었다는 것이다. 이미 이 시대에 오늘날
의 주택시장과 유사한 구조의 주택금융체제가 갖추어져 있었
으며 아파트를 장만하기 위해 대출을 받고 중도상환금에 허덕
이는 지금 직장인들의 비애는 이미 근대에서부터 시작되었는지
도 모른다.

이 기사의 필자는 끝으로 개인대금업자나 청부업자로부터
사채를 끌어다 쓰는 것(오늘날로 말하면)은 높은 이자 때문에 반
드시 하지 말아야 할 것이라고 당부하였다.

기형적 문화주택 열기를 바라보는 시각

이렇게 1930년대에 불어 닥친 문화주택의 열기는 근대인들

이 가졌던 더 나은 삶과 보금자리에 대한 꿈과 희망이 예나 지금이나 똑같았음을 반증하는 것이기도 하지만, 당시로써도 이러한 열풍을 바라보는 시선이 곱지만은 않았다. 당대에 만문만화라는 새로운 장르로 한 시대를 풍자했던 석영 안석주가 이러한 다소 기형적인 문화주택의 열풍을 놓칠 리가 없었다.

그는 유학이나 하고 돈 좀 있다고 주제넘게 문화주택을 짓고 사는 허영적 이기심과 우월감에 빠져 착각하는 이들의 세태를 신랄하게 비판하였으며, 무엇보다 어려운 시대에 처한 대중의 일상과는 격리된 문화주택의 이질성을 꼬집어 내었다. 다음의 석영의 글과 삽화에서는 이러한 문화주택에 대한 냉소적인 시각을 잘 느낄 수 있다.

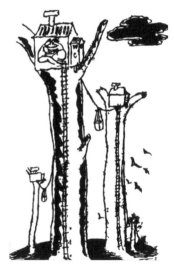

문화주택열(文化住宅熱)은 一九三〇년에 와서 심하였서는데 호랭이 담배 먹을 시절에 어찌 어찌하야 재산 푼어치나 뭉둥그린 제 어머니 덕에 구미(歐米)의 대학(大學) 방청석 한 귀퉁이에 안저서 졸다가 온 친구와 일본 긴자(銀座)통만 갓다온 친구들과 혹은 A, B, C나 겨

우 아라볼 만치된 아가씨와 결혼만 하면 문화주택, 문화주택 하고 떠든다. 문화주택은 돈만히 처들이고 서양 외양간 가티 지여도 이층집이면 조하하는 축이 잇다. 놉흔 집만 문화주택으로 안다면 놉다란 나무 우헤 원시주택을 지여논 후에 '스윗트홈'을 베프시고 새똥을 곱다랏케 쌀는지도 모르지 (『조선일보』, 1930.11.28).

창문이 쓰러저도 백지 한 장 살돈이 업고 신문지 한 장 어들 길이 업서 화통을 한 창문을 두고 겨울을 맞는 사람도 잇지만, 개와집도 부족하고 편리치 안타고 양옥을 짓고 사는 사람이 만케 되엿다. 모든 문화에 뒤써러진 이웃사람들의 오막사리 집을 놉흔 양옥의 베란다—에서 굽어보는 그 우월감이 자긔의 생활의식을 놉히는 것인지는 모르나 그 문화주택에는 겨울이 오니 굴둑에서 란로 연기가

피여오른다. 피아노 소리가 나고 여자의 노래소래가 나고 씨니 째면 일홈도 알 수 업는 고기굽는 내음새가 왼 동리의 비위를 거슬리지만 자동차의 쌩쌩-소리가 동리의 단잠을 쌔인다. …… 날이 추어지니 양옥집도 창문을 닷고 겨울의 쑷쑷한 꿈을 쑴다. 그러나 그 집들은 은행에 몃번이나 전당을 겹허 잽히고 언제까지 그 쑴을 쑬는지 그것을 생각하면 살맛이 잇겟느냐(『조선일보』, 1933.10.26).[27]

석영의 말처럼 은행에서 대출을 받아 문화주택을 지었다가 얼마 안 되어 주택은 전당을 잡히고 외국인(주로 일본인)에게 넘어가는 일도 적지 않았던 듯하다. 그야말로 문화주택이 꿈의 주택, 스위트홈의 안식처가 아니라 조선 사람

전당 잡힌 문화주택 보금자리의 꿈, 안석주의 만문만화(『조선일보』, 1930.4.14).

들의 피를 빨아먹는 불행의 존재였던 셈이다.[28]

살인 사건의 은밀한 현장

경성 곳곳에 들어섰던 문화주택 중에서 가장 주목을 받았던 곳은 현 송현동의 식산은행 사택이었다. 원래 이곳은 '대갈장군'으로 이름을 날렸던 부채왕 윤덕영의 자택이 있었던 곳으로 결국 큰 빚에 쫓겨 자택 건물은 기숙사로 사용되다가 철거

되었고 그 자리에 식산은행 사택이 들어선 것이다.[29] 사택이 들어선 연유도 그랬지만 붉은 벽돌과 박공지붕의 강한 인상을 풍기는 식산은행 사택은 유아 유기사건으로 더욱 유명해진 곳이었다.[30] 안 그래도 1933년에 일어났던 죽첨정(현 충정로) 금화장(金華莊) 문화주택지

경성 송현동 식산은행사택지 전경
(『동아일보』, 1924.6.29).

의 단두유아사건[31]이 민심을 흉흉하게 한지 얼마 지나지 않아서 발생한 식산은행 사택지의 살인 사건은 또 다시 충격을 주었다.

이처럼 문화주택지에서 일어났던 강도나 살인 사건들은 보통의 사건들보다도 미디어의 주목을 더 집중적으로 받기도 했거니와, 그 사건의 끔찍한 경위가 더욱 그로테스크하게 다가왔다. 일어날 것 같지 않은 기괴한 사건들이 문화주택지에서 일어났다는 것 자체만으로도 대중의 이목을 집중시키기에 충분했기 때문이다.

누구나 살고 싶어 하는 고급스러운 문화주택지에서 발생한 음울한 사건의 공간적 특성은 근대 소설들에서도 심심찮게 활용되곤 하였다. 문화주택은 현실적 상황과 동떨어진, 그래서 함부로 다가설 수 없는 은밀하고도 비현실적인 공간으로써 소설

의 등장인물과 이야기를 돋보이게 하는 공간적 설정으로 등장하는 경우가 많았다.

근대 탐정소설가 김내성을 다룬 정혜영의 단행본(2008)을 참고해 보면 김내성의 탐정소설에서 문화주택이 줄곧 사건의 주된 배경으로 등장하고 있음을 알 수 있다.[32] 김내성이 와세다대학에서 유학한 후에 귀국하여 발표한 작품 『이단자의 사랑(1939)』의 한 대목을 살펴보자.

> 그러나 이 무서운 이야기가 시작된 오륙년전만 해도 그거 쓰러져 가는 초가가 제멋대로 여기 한 채 저기 한 채 잘팡하니 앉았을 뿐, 서울장안의 문화와는 죽첨정 고개를 사이에 두고 멀리 격리해 있는 쓸쓸한 산골자기였다.
> 허나 그처럼 초라한 풍경가운데 단 한 채 오고가는 사람의 시선을 멈추는 소위 문화주택이 있는 것을 아는 사람은 알 것이다.
> 그것은 지금 연희장에서 이화여자전문학교로 넘어가는 고개 중턱에 탐탐하니 자리를 잡고 발밑에 너저분하게 널려 있는 초라한 풍경을 마치 비웃듯이 송림사이로 너려다 보고 있는 한 채의 조그마한 방걸로-풍의 문화주택이 바루 그것이다.

문화주택은 살인 사건의 발생지로 주변의 풍경과는 철저하게 이질적 외형을 지닌 배경으로 등장한다. 죽첨정이라는 공간적 설정은 그 이전에 일어난 희대의 유아 단두사건와도 무관하지 않으리라. 이렇게 대립적이면서도 배타적인 분위기는 문화주택뿐만 아니라 문화주택에 사는 등장인물들의 외형에서도 동일하게 발견할 수 있다. 인간의 충동적이고 변태적인 심리 전개에 중점을 둔 탐정소설에서 주변 인물과 조화되지 않는 독단적 성격과 광적인 사랑, 질투와 같은 비합리적인 인간 심리의 표현과 그로부터 자아내는 그로테스크한 분위기의 연출에 있어서 문화주택이 매우 적합한 대상이었음을 정혜영은 말하고 있다. 이처럼 근대 소설에서 문화주택은 일상과 분리된 고립적 이미지로 등장인물들 사이에서 표출되는 욕망을 더욱 기괴하게 만드는 문학적 장치였던 것이다.

문화주택의 시대였던 1930년대 언론에 나타났던 대중들의 관심과 그 열기는 실로 대단한 것이었다. 미디어에서 비친 문화주택은 건축양식이나 생활양식의 좋고 나쁨이 문제거리가 되지 않았다. 대중들에게 문화주택은 고급스러운 샹들리에가 치렁치렁 빛을 발하는 응접실에서 레코드 소리를 들으며 차를 마시고 가족들과 모여서는 피아노를 치며 노래를 합창하는 그런 화목한 가정을 꾸릴 수 있는 따뜻한 안식처로 여겨졌다. 적어도 미디어 상의 문화주택 탐방 기사들은 대중들로 하여금 이러한 인식을 갖도록 더욱 부추기고 있었다. 물론 현실에서의 문화주택은 대중들의 일상과는 거리가 먼 폐쇄적이고 이질적인 주거형식이었지만 문화주택을 둘러싼 담론은 근대 이후로도 계속해서 생산되었다.

생활개신 : 문화주택을 향한 담론화

    문화주택의 사전적 뜻을 현대국어사전에서 찾아보면 '살기 좋게 개량하여 꾸민 신식주택' 또는 '생활하기에 편리하고 보건 위생에 알맞은 새로운 형식의 주택'이라는 뜻이 있다. 그렇다면 도대체 무엇을 어떻게 고쳐야 살기 좋고 깨끗한 신식의 문화주택이 될 수 있었을까?

    여기에는 당시 생활개선운동의 영향 아래에서 생산되었던 주거 담론과 구체적으로 주거 계획적 차원으로 확장되기까지의 주생활 개선의 이념, 그리고 이를 바탕으로 건축가에 의해 주택개량의 실체적 모델이 생산되기까지의 사유적 과정을 포함하는 일련의 담론화 과정이 그 중심에 있다.

서양의 과학과 의술의 힘을 배우다

문화주택이 본격적으로 주거 담론으로 거론된 것은 1920년 대 생활개선운동이 사회적으로 널리 보급되면서부터였다. 그러나 그 바탕이 되었던 개선 의식이 싹트기 시작한 것은 그보다 훨씬 이전인 개항(1876) 전후로 거슬러 올라간다.

개항으로부터 밀려 들어온 서구의 신문명은 조용한 아침의 나라였던 조선 사회를 뒤흔들어 놓았다. 전국 방방곡곡에 철로가 놓이고 전차가 사대문 안을 누비기 시작하면서 도시공간의 물리적 거리는 물론 도시의 구조 자체에 큰 변화를 가져왔다. 그리고 듣도 보도 못했던 전화기와 라디오, 양복과 구두, 안경과 시계 등 서구인들이 들고 온 새로운 생활도구들이 일상생활 속으로 서서히 침투하면서 대중들의 생활 모습도 크게 바꾸어 놓고 있었다. 오늘날의 기술 수준과는 비교되지 않는 것이겠지만 이러한 변화가 당시로써는 최근 스마트 폰이 불러온 우리 생활의 변화와 맞먹는 혁신으로 받아들여졌으리라.

이와 같은 변화는 서구의 신문물로부터 시작되었지만 그중에서도 당시 생활의식을 크게 바꾸어 놓게 된 중심에는 서양의 과학과 의학이 있었다. 이제껏 알려지지 않았던 인체의 생리현상이나 질병의 원인이 과학적으로 하나둘씩 입증되면서 미신에 의지해 왔던 무지에서 벗어나 점차 사람들은 '객관적인 사실'을 따르기 시작했다. 특히 해부학과 세균학, 생리학 등의 학문적 이론을 통해 일상생활 속에서 눈에 보이지 않았던 미균에 대한 발견과 그것이 온갖 질병의 원인으로 인식되면서 자신과 가족의 청결을 유지하는 위생 개념이 일상으로 들어왔다.

물론 위생이라는 용어가 그 이전에도 사용되긴 했으나 근대 사회로의 이행기에서 위생은 개인 차원의 것이 아닌 집단 수준의 전염병 예방을 위한 국가 차원의 정책적 개념으로 확대되었다. 특히 1895년경 청·일전쟁 동안에 콜레라가 유행하면서부터 전염병에 대한 방역 및 음식물과 가축의 소독, 검역 등에 관한 위생법률이 최초로 제정되었다. 이러한 국가적 차원의 근대적 위생(Modern Hygiene) 개념은 서구문명의 산물로써 유럽 근대도시에서도 산업화와 도시화를 촉진하는 중요한 역할을 담당하였다고 한다.[33]

당시 조선에서도 이미 외국시찰단이나 일부 유학생들을 중심으로 이러한 위생에 대한 인식이 싹트고 있었다. 일찍이 일본으로 유학을 갔던 이동초는 일본의 문명개화를 직접 체험하면서 새로운 문명의 밝은 면과 어두운 면을 동시에 보았다. 그는 새 문명을 통해 전염병이 발생할 수 있지만 그와 동시에 그 전염병을 예방하고 치료할 수 있는 방법 또한 문명의 기술이자 위생학의 근본이라 생각했다.[34] 이 같은 견해는 당시 지식인들이 위생을 청결의 개념을 넘어서서 근대의 척도로 받아들였음을 단적으로 보여준다. 개화정책을 추진했던 지식인들은 도시정비를 위한 준례를 마련하여 하천과 도로를 새로 만들었고 공중목욕탕과 변소, 상수도 시설 등의 기반시설 확보도 촉구했다. 이것은 위생과 더불어 하루빨리 근대도시로서의 면모를 갖추어야 한다는 인식이 크게 작용하였기 때문이다.

이들 지식인이 당시에 발간했던 학회지의 위생 관련 논설들을 살펴보면 가정학과 위생학의 학문적 개념을 도입하여 일상생활에 없어서는 안 될 공기와 물의 성질, 인체의 호흡, 생리 등을 통해 공기 전염의 원리를 습득하여 방역에 필요한 과학적·의학적 지식을 왕성하게 탐구하고 있었다. 생활을 향상시킬 수 있는 원천적 학문으로써 과학과 의학을 동원하여 일상생활을 정량화하고 조직화할 수 있다고 믿었던 것이다. 이러한 지식을 근거로 채광과 환기, 실내청결법, 음식물의 부패방지법 등 일상생활에서의 청결한 생활습관을 강조하였다.

위생을 통한 민중 계몽과 생활환경의 변화를 시도하고자 했던 움직임은 비록 일부 지식인들의 논의에서 미약하게나마 시작되었지만, 그것은 문명개화의 첫걸음이자 앞으로 생활개선의 대중의식이 성장해 가는 밑거름이 되었다.

생활개선운동의 부흥

일제강점기의 생활개선운동은 우리 스스로 실력을 키워 독립국을 이룩하고자 했던 사회적 분위기 속에서 일어났던 사회운동의 하나였다. 지배와 피지배라는 계층 분화 탓에 당시의 생활개선운동은 지배계층의 권력에 맞설 수 있는 실력양성과 자주독립이라는 사회운동론적 성격을 갖고 있었다. 또한 물질적 개선을 통해 생활습관을 고치고 개인의 정신적 개혁을 뜻하는 담론적 성격도 지니고 있었다.

생활개선운동이 본격적으로 일어나게 된 것은 1920년대부터 민족 신문과 일간지들이 발행되면서 각계의 지식인들을 중심으로 대중을 향한 개선 담론들이 쏟아지기 시작하면서부터다. 이러한 움직임은 도시와 농촌 할 것 없이 전국 각지로 확대되어 생활개선회나 부녀회, 부인회 등이 결성되었으며, 연일 생활개선 강습회와 강연회, 활동사진회 등 구체적인 활동으로도 이어지고 있었다.

이러한 사회적 움직임은 1929년 5월 16일 ①색의단발(色衣斷髮), ②건강증진, ③상식보급, ④소비절약, ⑤허례 폐지의 5대 강령을 내세웠던 조선

일보사의 '생활개신(生活改新)'이 대대적으로 주창되면서[35] 더욱 구체화 되었다. 물론 총독부가 조선인들에 대한 회유책으로써 이러한 운동에 크게 반대하지 않았던 점과 1930년대 농촌진흥운동의 사상적 배경이 되었다는 점에서 부정적인 면도 없지 않지만, 운동의

생활개선운동의 포스터(『조선일보』, 1929.5.12).

사회적 확산을 통해 일상생활의 불합리함에 대한 인식을 환기하고 생활의 근대화를 촉진시키는 중요한 계기가 되었던 것은 사실이다.

생활개선운동에는 당대의 지식인들이 대거 참여하고 있었기에 사회적으로도 반향이 컸다. 그 당시 대부분의 근대 지식인들은 신문이나 잡지에 생활개선에 관한 자신의 글을 한 번은 투고한 적이 있을 정도였다.

천도교 사상가였던 이돈화와 박달성, 조선사정연구회의 선우전, 민족운동가 한용운, 한글학자 최현배, 중앙보육교장 박희도, 제중원 의사 홍석우, 문학평론가 이헌구, 문인화가 구철우, 음악가 홍난파, 아동문학가 방정환을 비롯하여 근대문학가 이광수, 주요섭 그리고 건축가 이훈우, 김유방, 박동진, 김윤기, 박길룡, 손형순, 유상하 등 다양한 전문 분야의 지식인들이 담론을 생산해 냈다. 특히 김윤기와 박길룡은 조선건축회 내에서의 활동과 더불어 주택개량의 선두적인 역할을 했던 건축가들이었다.

사회 각층 지식인들의 담론은 공통적으로 의복과 음식, 주거 등 일상생활에 걸쳐 전반적인 개조와 개량을 요구하고 있었다. 물론 당대의 담론이 대중들의 삶을 하루아침에 변화시킬 수 있는 것은 아니었다. 하지만 이러한 담론이 미디어를 통해 대중들에게 지속적, 산발적으로 표출되면서 영향을 주었다. 여기에 브나로드운동과 야학, 독서회 등으로 문자 보급률이 높아지고 신문종람소(신문과 잡지를 돌려가며 읽는 문고)나 도서관이 운영되면서 대중의 규모로 성장한 독자층이 있었다는 점에서[36] 생활개선 담론은 서서히 일상생활의 규범으로 자리 잡을 수 있었다. 이러한 담론 가운데에 그 골자를 이루었던 몇 가지의 논제들을 살펴보자.

가정으로부터의 생활개선, 스위트홈 만들기

1920년대 초반 생활개선 인식을 확산하고 여론을 만들어 가는 데 있어서는 여성 지식인들의 역할이 컸다. 운동 초기부터 김마리아, 박에스터, 차미리사, 김활란, 신준려, 박인덕, 유영춘, 김현실 등 당대의 엘리트 신여성들이 등장한다. 이들 대부분은 일찍이 기독교 선교사로부터 근대식 교육을 받고 여성의 교육 확대나 남녀평등과 같은 서구 여성관을 바탕으로 여성운동에 앞장섰던 인물들이었다.[37]

여성 지식인들은 대부분 여학교나 전문학교에서 여성의 근대교육을 이끌었던 교육자였으며 여성단체를 결성하고 여성지를 창간하였다. 『여성(女性)』『신여성(新女性)』『신가정(新家庭)』 등 가정에서의 실익과 취미 위주였던 당대의 여성지들은 여성운동의 구심점이자 생활개선을 위한 담론의 장이었다.

아아…… 새로운 시대는 왔습니다. 모든 헌 것은 거꾸러지고 온갖 새 것을 세울 때가 왔습니다. 가진 것을 모두 개조할 때가 왔습니다. 모든 '非' 모든 '惡'이 사라질 때가 왔습

니다. 가진 것을 모두 개조하여야 할 때가 왔습니다. …… 사
회를 개조하려면 먼저 사회의 원소인 가정을 개조하여야 하
고, 가정을 개조하려면 가정의 주인 될 여자를 해방하여야
할 것은 물론입니다(『신여자』 창간호, 1920.3).

이 글은 1920년대 총독부의 언론규제 완화 이후에 처음으
로 발간된 여성지 『신여자(新女子)』의 창간사 일부이다. 당시 동
경에서 유학하고 돌아온 여류 시인이자 수필가였던 김일엽이
창간사를 장식했는데, 새 시대를 위한 사회 개조는 여성 평등
이 확립된 근대적 가정에서 비롯된다는 여성 지식인들의 인식
을 확인할 수가 있다.

이러한 인식은 여성 지식인들을 중심으로 생산된 신가정론
과도 관련이 깊다. 가정 내에서 가족 간의 인격과 개성 존중은
봉건적인 대가족제도 내에서 멸시를 받아오던 여성의 배려와
여성과 아동을 중심으로 한 핵가족 형태의 독립가정을 이루어
야 한다는 인식으로 확대된다. 남편과 아내가 가정생활에 충실
하면 가족 간의 단란함을 조성하고 오락, 취미 및 여가의 기회
가 늘어나 자녀의 교육에도 긍정적인 영향을 준다는 서구지향
적인 가족관이 작용하고 있다.

당시 미디어에는 유명 인사들의 가정에 기자가 방문하는 식
의 기사가 자주 소개되었는데, 기자의 시선은 부부가 자녀와
함께 동요를 부르고 풍금연주와 무용, 창가 등의 여가 생활을
통해 단란하고 화목한 가정생활을 누리는 이미지를 대중들에

게 전달하는 데 주력하였다.[38) 또한 집 안 청소, 화초 가꾸기 등의 가사일은 가족이 함께 실천함과 동시에 가족의 단란한 생활 중 일부로 흡수되었다. 즉, 오늘날과 같은 핵가족의 형태가 생활개선에 있어서 가장 이상적인 가정으로 받아들여졌던 것이다.

경제 관념 우선의 생활 합리화

생활개선 담론은 위생 관념이 근저에 자리 잡고 있었지만, 실제 담론의 생산과정에서 중요시되었던 것은 경제생활의 개선이었다. 지식인들은 물자와 소비절약, 검약과 저축 등 경제 개념에 근거한 일상의 생활개선이 중요한 실천 항목이라고 보았다.

예를 들어 가정생활에 관련된 재래의 미신들을 폐지하고 가정에서 실행하는 결혼과 제사 등의 의식 절차를 줄이며, 남성들은 금주와 금연으로 소비를 절약하고 여성들은 가계부를 작성하여 매월 생활 예산을 세우고 그에 맞춰 가계 지출을 계획한다. 또한 약속시각과 식사시간을 잘 지키는 등 규칙적인 생활로 시간을 절약하며, 나아가 생활의 능률을 향상하기 위해 가능한 생활을 단순화하는 것을 목표로 한다. 생활 능률의 문제는 건축가들의 주택개량 담론에서도 주거 공간의 절약과 효율성 측면에서 직결되는 중요한 문제였다.

이러한 경제 논리 우선의 개선론에는 이미 전 세계적으로 불어 닥친 능률본위와 합리주의적 사고방식에 따른 사회 개조의 분위기가 작용하고 있었다. 1920년 일본에서 문화생활연구회를 창립했던 사상가 요시노 사쿠조(吉野作造)가 '문화생활이란 필요 이상의 힘 낭비를 경계하고 물질적으로는 절약할 수 있을 만큼 절약하는 생활임과 동시에 …… 인격의 완성이 생활의 이상'[39]이라고 언급한 것처럼 경제관념에 입각한 노동과 물자의 절약이 생활개선운동이 목표했던 문화생활에 도달할 수 있는 중요한 요건이었다.

신여성은 신식 주방에서

생활개선운동에서 여성은 재래 생활의 불합리함을 몸소 경험하며 생활개선을 실천에 옮겨야 할 주역임과 동시에 담론을 생산해 내는 주체로서 그 중심에 있었다. 담론 내에서 여성은 가정의 운영과 육아를 담당하는 주부와 어머니로서 자주적인 생활개선을 실천해야 할 의무를 지니고 있었다. 주권 회복과 미래의 독립국 건설을 위한 차세대를 양성하고 그러한 인재를 길러 내는 것이 가정의 의무이자 가정을 도맡는 여성의 막중한 책임으로 여겼기 때문이다.

생활개선에 대한 자발적 의식이 소위 '구여성'과 '신여성'의 차이를 나타내는 기준이 되는데, 남성과 동등한 수준의 교양과 취미를 갖추는 것을 신여성의 미덕으로 요구하면서도 자유연애를 외치며 가정의 틀에서 벗어나려고 하거나 허식과 사치에 물든 신여성은 비판받아 마땅한 것이었다. 이러한 여성관을 바탕으로 여성의 인격을 존중해 주고 여성이 가정 내에서 교양 생활을 누릴 수 있게 하려면 무엇보다 가사에 걸리는 금전과 노동, 시간을 줄이는 것 즉, 가사 합리화 방안을 모색하는 쪽으로 자연스럽게 담론의 논제적 공감대가 형성되어 갔다. 여기에는 경제 논리에 입각한 생활개선의 관념이 작용한 것은 물론이다.

여성들(저자 혹은 독자)은 불필요하고도 과도한 전통적 가사 노동 방식이 가장 불합리하다는 체험적 인식을 충분히 공유하고 있었기 때문에 노동 경제의 측면에서 가사 작업을 보다 간결하고 편리하게 개선하는 것이 급선무였다. 예를 들어 의복 개량에는 재래의 흰옷 대신에 염색 옷을 만들어 입으면 의복비를 줄이면서 주부의 세탁 노동을 줄이거나 식단을 짜서 계획적으로 장을 보고 식사 시간을 일정히 하는 것은 모두 가사 합리화를 위해 제시된 실천법들이었다.

주거 공간에서도 가사 노동과 직결되는 부엌(주방) 개량을 시작으로 점차 욕실, 장독대, 대청과 행랑 등으로 그 범위가 점차 넓어졌다. 특히 부엌 개량은 1930년을 전후로 논의가 집중되는데 여기에는 최소한의 시간과 노력으로 최대의 능률을 얻을 수 있는 부엌의 구조와 설비의 개량을 요구하고 있었다.

재래식 부엌의 가장 큰 문제점은 공간이 협소하여 불을 때는 온돌 아궁이 외에 가사에 필요한 설비들을 둘 공간적 여유가 없는 것이었다. 부엌이 좁으니까 찬장이나 뒤주 같은 세간을 대청마루에 늘어놓을 수밖에 없고, 마당에 장독대와 수도가 있어 하루 삼시 세 때마다 주부가 온 집안을 돌아다녀야 하는 불편함이 생기는 것이다. 또 부엌 위로 다락이 있기 때문에 부엌의 바닥이 낮아 온종일 구부리고 앉아서 밥을 짓고 부엌보 다 바닥이 높은 안방으로 밥상을 날라야 하므로 작업 능률이 이만저만 낮은 것이 아니었다.

이러한 주부들의 고충은 건축가 김종량의 부인 조계은의 글[40]을 통해 단적으로 알 수 있다.

설거질 하는 대(臺)가 없이 부뜨막 구석에나 아무데나 업 디려 설거질을 하게 되는 것과 그 밖에 무슨 일이든지 앉거 나 업디려서 하게 되므로 일의 능률이 없는 것이 탈입니다. …… 배선대(配膳臺=상 채리는 선반)가 없이 마루 끝에서 상 을 보게 되니까 노력과 시간의 불경제와 외관상으로 불미한 점이 잇고 … 겨울에는 늘 거기를 通過해 다니는 곳이라 몬 지가 만히 니러나는데 不拘하고 …… 마루 싯에서 料理를 하니 第一 몬지 만흔 곳을 골나 다니면서 飮食 그릇을 펴처 놋는 셈입니다. …… 부엌에는 놉흔 門지방이 잇서서 부엌 에서 불때고 밥 지으랴 솟에서 닉힌 飮食을 가지고 마루 싯 으로 料理하러 드나드느라고 主婦가 하로에 멋十 차례를 그 門지방을 넘어 다니는지 이로 혜아릴 수가 업스니 ……(『신 가정』 1권 8호, 1933.8).[41]

이러한 인식 아래 재래식 부엌을 보다 위생적이고 가사 노동 상 효율적인 구조로 개량하기 위해서는 종래의 구조를 근본적으로 바꾸지 않으면 안 된다는 목소리가 커짐에 따라 담론은 부엌 내에 작업공간을 어떻게든 효율적으로 집약시키는 방안으로 집중된다. 여기에는 부엌 자체의 설비적 개량뿐만 아니라 부엌을 보다 구조적으로 개량할 수 있는 계획안들이 반영되면서 부엌의 배치와 다른 실과의 연락 관계를 고려한 주거 계획적 차원에 도달하였다.

부엌 설비 개량에서의 주안점은 밥도 지으면서 안방의 온돌에 불을 때우는 종래의 아궁이를 없애는 것이었다. 일례로 건축가 박길룡이 제안한 부엌개량안을 보면,[42] 3평가량의 부엌에 신식 화덕과 가사와 조리에 필요한 개수대와 찬장, 뒤주, 기타 세간들을 모두 집중적으로 배치하였음을 알 수 있다. 또 유리창을 두어 햇빛과 바람이 잘 들도록 하고 부엌의 위치를 안방과 식모방에서 직접 출입하도록 하며 장독대를 뒷마당 부엌 옆에 두어 여러모로 편리하게 가사작업을 할 수 있도록 고안하였다.

이 신식 주방의 계획안은 당시 부엌 개량의 본보기라고 해도 될 만큼 이상적이었으며 오늘날의 주방 설비 수준에 못지 않은 것임을 알 수 있다. 이러한 개량 부엌의 설비와 구조, 형태는 여러 건축가가 제안했던 문화주택 안에서 전형적인 모델이 되었다.

'잘 살라면 집부터 고칩시다'

생활개선운동의 범주에서 주택개량의 문제는 재래 주택의

구조적 불합리함으로 발생하는 비위생적이고 비경제적인 생활을 고칠 수 있도록 하는 것이었다. 온돌방의 창호와 면적, 부엌과 변소의 설비 개량, 대청마루와 행랑의 폐지, 가구의 간소화, 주택재료의 규격화 등 주택 각 부에 대한 다양한 논제들이 제시되었다. 이러한 논제들이 모여 점차 중론적인 개량론에 이르렀을 때, 건축가뿐만 아니라 각계의 지식인들 사이에서도 생활개선에 적합한 새로운 주거양식을 모색하기에 이르렀다.

　여기에는 건축가들의 역할이 컸다. 건축 전문가로서 생활개선의 여러 문제점에 대해 주거 계획적 차원의 담론을 생산해

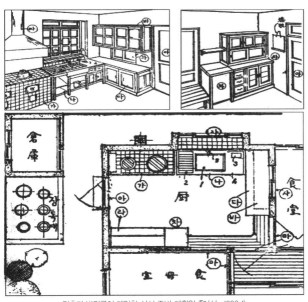

건축가 박길룡이 제안한 신식 주방 계획안 (『여성』, 1936.4).

냄으로써, 이러한 전문성 있는 담론에 힘입어 일반 지식인들도 각자의 논리를 반영한 개량주택을 직접 설계하기도 했다. 이러한 주거 담론의 전문화는 일상생활상의 개선뿐만 아니라, 보다 근본적으로 생활의 장소인 주택을 개량함으로써 생활의 합리화를 이끌어 내고 새로운 주거양식을 창안해 내는 것이 목표였다. 따라서 건축가들의 주택개량 담론은 재래의 주거 공간을 합리적으로 재편성하기 위해 주거 공간을 효율적으로 집약시키고 그것에 맞게 각 공간을 배치하는 것이 큰 과제였다. 그 바탕에는 실용성과 과학성, 공간의 경제성, 생활능률의 향상 등과 같은 지극히 합리주의적인 건축이념이 깔려 있었다.

건축가 박동진은 '주택은 살기 위한 기계'라 했던 근대건축의 거장 르코르뷔지에(Le Corbusier)의 합리주의 건축을 일례로 들면서 새로운 합리적 주택 규범으로서 간이, 위생, 질서, 저

건축가 박동진이 동아일보에 소개한 르 꼬르뷔지에의 가르시에 주택
(『동아일보』, 1931.3.19).

가, 견고, 대량과 같은 목적에 맞는 이념을 제시하였으며, 건축가 김윤기는 서구의 근대 건축가들이 그러했듯이 자동차와 군함, 교량의 형태에서 합리적인 근대미를 찾고 있었다.[43] 즉, 건축가들은 당시 전 세계적인 사조로 확장되어 가던 모더니즘(Modernism) 건축에 주택개량의 근본이념을 두고 고유의 생활양식을 바탕으로 외래 주거양식의 장점들을 절충하여 새로운 생활양식을 고안해 내고자 하였던 것이다.

이러한 주거 담론에 있어서 무엇보다 건축가들은 가족 구성원에 따라 사랑채와 안채, 행랑채 등 별개의 건물로 나뉘어진 재래의 주거공간을 하나의 건물 안으로 집약시킴으로써 생활

건축가 김윤기의 건강주택4안
(「동아일보」, 1930. 10. 11)

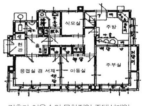

건축가 이윤순의 문화적인 주택설계안
(「조선일보」, 1937. 1. 4.)

건축가 박길룡의 조선주택개량시안
(「조선과 건축」, 1941. 4.)

건축가의 개량주택안들.
가족실이나 주부실·아동실을 중심으로
각 실을 중복도로 연결하여 주거 공간을
효율적으로 구성하였다. 건축가들의 다양
한 주택안들이 문화주택의 이름으로 대중
들에게 제안되었다.

공간을 단순화하고 경제적으로 개량할 수 있다는 인식을 공유하고 있었다. 이 '집중식 평면' 개량의 주안점은 먼저 재래주택에는 없었던 현관을 도입하여 주택 내·외부를 연결하고 현관에서부터 복도를 통해 각 실로의 동선 거리를 최소화하는 등 중복도형 개량주택의 이점을 받아들이고 있다. 이러한 긴밀한 공간구성 위에 가족실을 볕이 잘 들고 바람이 잘 통하는 가장 좋은 위치에 두어 가족생활이 주택의 중심에 있도록 하고, 부엌을 비롯한 변소와 욕실, 세면실 등의 설비 공간들을 집약화하며 대청마루와 같은 불필요한 공간 낭비를 줄이는 것이 골자였다.

이러한 집중식의 평면 형식에 관한 논의는 1940년대 방공건축규칙이 공포되면서 공지 확보의 측면에서 더욱 확고해져 갔으며 이후 새롭게 등장하는 도시주택의 기본적인 평면 배치수법으로 정착되게 된다.

문화주택의 주거양식 절충

건축가들의 주택개량 담론은 재래주택의 공간적 개량을 통해 소위 '집중식 평면'으로 나아가고 있었으나 주거 계획적 측면에서 고려해야 할 또 다른 과제로 주거양식의 선택 문제가 있었다. 주거 공간의 집약으로 공간의 효율성을 높였다 하더라도 주거양식을 재래식의 온돌로 할 것인지, 서구식의 의자식 생활로 할 것인지 아니면 두 양식을 절충해야 하는지를 결정해야 하는 것이었다.

건축가 박길룡은 1930년 9월 19일부터 4회에 걸쳐 『조선일보』에 '유행성의 소위 문화주택'이라는 연재물을 통해 당시 유행하고 있는 문화주택의 여러 절충적 경향에 대해 비판하고 있는데, 서구식이나 일본식의 외래주거양식을 그대로 모방하거나 반대로 재래식만을 고집하는 것도 잘못된 경향이라고 말한다. 재래생활 형식을 토대로 하여 서구의 '과학적 구축법'을 적용하고 국산 재료를 사용할 것을 주장하였다.

또 그는 주거양식의 절충에서 두 가지 경향이 가능하다고 설명하였다. 먼저 주택의 구조와 재료, 외관은 서구식으로 하고 내부의 실배치와 의장은 재래식으로 개량하는 방법이 있다. 다른 하나는 그와 반대로 구조와 외관은 재래식으로 하고 내부의 기거양식을 서구식으로 개량하는 것이다.[44] 이러한 문제에 관하여 건축가 김윤기는 어느 양식에 구애받기보다는 거주자의 직업과 취미, 수입 정도, 가족 수와 가족제도를 고려하여 재래식이든 서구식이든 절충식이든 생활을 위생적이고 실용적

문화주택안의 주거양식적 경향 (『신여성』, 1934.2).

으로 개선할 수 있는 쪽으로 선택하는 것이 바람직하다고 말한다.[45]

실제 건축가들의 개량주택 안이나 주택작품에서 주거양식의 문제는 대부분 서구식 주택의 구조와 외관을 채용하고 내부의 주거 공간은 집중식 평면의 실용적 공간에 전통적인 온돌의 기거양식을 따르는 것이 보편적이었다.

예를 들어 1920년대 초 일본에서 문화촌 박람회를 비롯한 문화주택 박람회가 열렸을 무렵, 방갈로(Bungalow) 형식이 문화주택의 주된 주거양식으로 유행하고 있었다. 원래 방갈로 주택은 인도 지방의 민가에서 유래된 주택 양식으로, 영국 동인도회사 시절에 영국인들이 인도의 고온다습한 기후에 적응하기 위해 인도 벵갈리(Bengali) 지방의 오두막을 본떠 지은 것에서 시작되었다. 방갈로 풍 주택이라고 하는 것은 영국인이 인도 민가의 양식을 토대로 높은 천장과 넓은 창 그리고 베란다를 설치한 개량주택을 본국으로 돌아가 지으면서 생겨난 것이었다. 동경 제대 건축과 교수였던 후지시마 마사이치로(藤島雅一路)도 이 방갈로를 문화주택의 기원으로 보고 있었다.[46]

건축가 김유방은 당시 유행하고 있던 이 방갈로 풍 문화주택에 주목하고 개량주택으로 가장 적합한 주거양식이라고 소개하였다. 그는 방갈로 주택의 평탄하고 치마가 넓은 지붕과 베란다나 테라스에 주목하여 자연 친화적인 주택이자 우리의 전통주택과도 유사한 주거양식이라고 보았다. 무엇보다 방갈로 주택은 다른 주거양식보다 실구성이 간결하고 재료 면에서도 가장

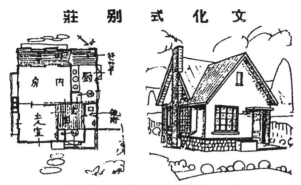

건축가 박길룡의 문화식 별장 계획안(『동아일보』, 1932).

경제적인 주택임에 착안하여 방갈로를 기본으로 한 개량주택
안을 제안하였다.[47]

건축가 박길룡도 1932년에 '문화식 별장'이라는 이름으로 방
갈로 풍 개량주택을 소개하였다. 방갈로 풍의 서구식 주택 외
관을 채용하고 내부는 주인실과 안방을 중심으로 한 간결하고
집약된 주거 공간을 계획하였다. 이 외에도 박길룡은 방갈로 풍
의 서구적 외관을 가진 개량주택에 대한 연구를 거듭하여 그
개량안들을 『실생활(實生活)』에 연재하기도 하였다.

이렇게 방갈로 형식으로부터 시작된 문화주택의 서구화 경
향은 건축가들의 개량주택안이나 주택작품에서도 일정한 경향
으로 지속되었다. 그러나 일찍이 문화촌의 거실 중심형 주택이
곧 사라졌듯이 이러한 경향은 아직 생활양식을 변화시킬 만큼
일상 깊숙이 침투하지 못하고 박공지붕이나 직선이 강조된 근
대적 형태의 평지붕, 돌출창, 벽돌집 등 그 겉모습의 의장적 요

건축가 박길룡이 설계한 김연수 문화주택(1929)과 김명하 문화주택(1932)의 외관 (『조선과 건축』)

소만 남겨 놓은 채 다음 시대로 넘어가고 있었다.

맺음말 : 문화주택, 그 후……

근대화의 상징, 문화주택 그리고 아파트

우리는 지금까지 문화주택을 둘러싼 근대주거담론을 살펴보았다. 때로는 보통 사람들이 꿈으로 여겼던 문화주택을, 때로는 생활을 보다 윤택하고 잘 살기 위해 부르짖었던 지식인들의 목소리를, 그리고 문화주택이라는 이름으로 새로운 주거양식을 창안해 내고자 했던 당대 건축가들의 고민까지 두루 살펴볼 수가 있었다. 이후 문화주택이라는 용어는 현대에 와서도 계속 사용되는데, 주거양식이나 지역의 한계를 벗어나 이전의 용어적 쓰임보다 훨씬 광의적이고 보편적인 의미로 바뀌게 된다.

경제개발기 서울 역삼동에 들어서고 있는 양옥들 (『한국 주거의 사회사』, 2008).

1950년대 외국의 기술 원조와 자재로 지어진 단독주택이나 아파트에 살았던 입주자들이 대부분 정치인이나 고위 관료, 영화배우, 예술가 등의 사회 상류층이었기 때문에 사람들은 이를 '꿈의 주택' 혹은 '문화주택'으로 불렀다고 한다.[48] 단독주택이든 아파트든 상류층이 사는 집, 신식의 좋은 집이면 모두 문화주택으로 통했던 것이다.

그런 까닭에 당시 집장사들도 오늘날 양옥이라고 부르는 형태의 도시주택을 지어 팔면서 문화주택이라는 이름을 붙여 팔았다. 『학마을 사람들』『오발탄』으로 유명한 학촌 이범선이 「신동아」에 발표한 『문화주택(1968)』에서도 집장사를 하는 동철이네 가족의 에피소드에서 이러한 문화주택의 어감을 느낄 수 있다.

십 년도 더 된 국민주택들은 동철이가 이사 온 새 문화주택에 비하면 허술하지만 흙이 좋은지 볕이 좋은지 집집마다 꽃이 잘도 피어있다. …… 그의 아버지와 어머니가 집장사를 하기 때문에 동철이네는 이사 보따리를 채 풀어 놓기도 전에 또 딴 집으로 옮기곤 했다. …… 동철이네는 거의 한 달에 한번 꼴로 이사를 했다. 왜냐하면 소위 문화주택을 짓는 기간이 한 달 정도이기 때문이다. 고등학교를 마치고 바로 집 살림을 떠맡은 누나는 잦은 이사를 반대했다. 집은 식구가 살아야 할 곳이지, 상품이 아니라는 말이다.

한편 1960년대 마포아파트를 기점으로 본격적으로 등장한 아파트는 국가 경제 발전의 정책적 전시효과를 극대화할 수 있는 좋은 대상이었다. 당시 미디어에는 신국가 건설이라는 기조 아래 새로 지어진 아파트를 시찰하는 대통령의 모습이 자주 비춰졌고 점차 아파트는 문화주택을 대신해서 사람들의 마음속에 근대화의 상징물로 자리 잡아갔다. 새로운 주거양식으로써의 아파트는 그 외양만으로도 대중들에게 큰 관심을 받았으며 수세식 화장실과 온수, 난방 등의 최신식 설비를 갖춘 고급주택으로 동경의 대상이 되기에 충분했다.

다음은 1969년 8월 16일자 〈대한뉴우스〉에 소개된 '어제와 오늘'이라는 영상물의 내레이션 일부분을 그대로 옮겨놓은 것이다. 국가의 발전상으로써 문화주택의 보편적 의미가 아파트로 옮겨가고 있음을 잘 나타낸다.

지난날 우리네 주변에 가난의 대명사처럼 보였던 판자촌, 오막살이 그리고 토담집. 그러나 오늘날 이른바 문화주택이란 말은 불과 십년 전만 해도 몹시 낯설던 것이 우리네 형편이었지만은, 지금은 집이라면 으레 문화주택을 연상하게끔 우리의 생활수치는 달라져 가고 있습니다. 독립주택의 준공뿐 아니라 새로 붐을 타기 시작한 아파트를 비롯해서 각종 고층빌딩의 건설은 종전의 후진적인 생활양식을 근대화 하는데 큰 도움을 주고 있습니다.

1970년대에는 도시의 근대화뿐만 아니라 낙후된 농촌의 근대화를 목표로 한 새마을 운동이 제창되어 전국 33,000여 곳의 농촌 마을에서 새마을 가꾸기 사업이 시행되었는데, 이 조성사업에도 근대화를 상징하는 문화주택은 어김없이 등장했다. 시멘트와 슬레이트, 유리 등의 신식 자재로 지어진 말끔한 농촌 문화주택은 전기와 상수도 설비를 완비한 마을 단위로 전

농촌 근대화를 상징하는 문화주택으로 조성된 경상북도 칠곡군의 한 새마을
(『경향신문』, 1973.11.22).

국 곳곳의 농촌 풍경을 바꿔 놓았다.

이처럼 문화주택은 근대기 여러 지식인과 건축가들에 의한 담론화의 과정을 거쳐 1960~1970년대 도시주거의 보편적인 형태로 자리를 잡기까지 우리 주거의 변화와 시대상을 잘 보여주고 있다. 문화주택은 우리 생활과 주택 근대화의 지표로서 그 열망은 1980년대 본격적인 아파트 붐이 일어나기 전까지 사람들의 마음속에 남아 있었다.

주

1) 이경아, 「일제강점기 문화주택 개념의 수용과 전개」, 서울대학교 대학원, 2006, pp.16-17.

2) 한규무·노기욱, 「1922년 평화기념 동경박람회와 조선인시찰단」, 한국민족운동사연구 65호, 한국민족운동사학회, 2010.12, p.37.

3) 内田青蔵 감수, 「近代日本生活文化基本文獻集 第2期 (11권)」, 일본도서센터, 2011.5, pp.12-17.

4) 内田青蔵, 『わが国戦前期の住分野に関する生活改善運動について−住宅改良会と生活改善同盟会の活動を中心として』, *The Improvement of Living Movement : Its Impact and the Role of the Central State in redefining lifestyles in 20th·21st Century Japan*, 国立民族学博物館国際研究フォラム, 2010, pp.32-34.

5) 片木 篤 외 2인, 『近代日本の郊外住宅地』, 鹿島출판회, 2000, pp.332-334.

6) 佐藤功一, 『中流住宅改良の根本問題』, 住宅 1권 2호, 1916.9, pp.3-4.

7) 内田青蔵 외 2인, 『(新版) 圖說·近代日本住宅史』, 鹿島출판회, 2008, p.56.

8) 한규무·노기욱, 「1922년 평화기념 동경박람회와 조선인시찰단」, 『한국민족운동사연구』 65호, 한국민족운동사학회, 2010.12, p.34.

9) "平和博과 汽車割引", 「동아일보」, 1921.11.14./"平和博과 朝郵割引", 「동아일보」, 1922.1.24./"平和博에 旅客輸送飛行", 「동아일보」, 1922.2.28.

10) "盛況を極めた文化住宅圖案展覽會, 夜間の講演聽衆場に滿つ", 「경성일보」, 1922.10.31.

11) 진윤환, 「1929년 조선박람회를 통한 지방민의 근대 공간 체험」, 상명대학교 대학원, 2008, pp.9-15.

12) "朝鮮博覽會 開場이래 局線 輸送人員 40萬人 돌파", 「조선일보」, 1929.10.11./"江華森信會社 汽船運賃割引-朝鮮博開會時에", 「조선일보」, 1929.4.4./"博覽會째 쓰려고 客車 九十四輛 增設-그래도 부

족하면 수하물 차에", 客車合計 七百餘輛, 「조선일보」, 1929.6 22.

13) 笹 慶一, 「朝鮮博覽會出品住宅に就て」, 『조선과 건축』, 8집 10호, 1929.10, pp.5-7.

14) "さくらの甘泉停 學者村 昭和園, 南山莊前 獎忠壇一帶의 繁昌", 「경성일보」, 1930.11.20.

15) 선우전, '朝鮮人 生活問題의 硏究(4)-우리의 의복비·주거비·오락비에 대하여', 「개벽」, 24호, 1922.6, pp.18-39.

16) 坂本嘉一, 「出品住宅を見て」, 『조선과 건축』, 8집 10호, 1929.10, pp.27-28.

17) 「鮮銀舍宅見學團」, 『조선과 건축』, 2집 1호, 1923.1, p.69.

18) 淺川伯教, 「建築에 관한 側面觀」, 『조선과 건축』, 11집 8호, 1932.8, pp.2-4.

19) 砂元文彦, 「京城(現ソウル)の郊外住宅地形成の諸相」, 『일본건축학회 계획계 논문집』, 613호, 2007.3, pp.203-209.

20) "文化住宅建設로 平和의 農村이 破滅, 부호에 침륜된 백여호, 始興黑石住民의 困境", 「동아일보」, 1930.3.31./"新堂里文化村에 居接한 貧民家 九戶를 撤毁, 地主에게 權利언은 請負業者 人夫 十二名으로 위선 五戶를 撤毁, 五十餘 住民은 露宿", 「동아일보」, 1933.8.31.

21) "處女꾀는 手段인 文化住宅 피아노", 「조선일보」, 1930.10.4

22) "美貌를 노리는 黃金, 虛榮을 礎石삼다 倒壞된 文化住宅 結婚", 「조선일보」, 1935.10.25.

23) "文化住宅의 魅力, 돈에 속아 절개 굽힌 인테리과부", 「매일신보」, 1939.2.18.

24) "資本金 百萬圓으로 株式會社組織, 북촌백화점 화신상회 확충, 景品에 文化住宅", 「동아일보」, 1932.5.10.

25) "東亞百貨店 景品當選者", 「동아일보」, 1932.8.6.

26) 「文化住宅 月賦建築 秘法」, 「삼천리」, 8권 6호, 1936.6, pp.159-162.

27) 인용문 중에서 '쯧쯧한 꿈을 쉰다'는 '뜻뜻한 꿈을 꾼다'로, '꿈을 슬는지'는 '그 꿈을 꿀는지'로 읽는다.

28) 석영, 「一日一畵一文化住宅? 蚊禍住宅?」, 「조선일보」, 1930.4.14.

29) "松峴洞 殖銀村", 「동아일보」, 1924.6.29.

30) "버린生命 松峴町서 發見", 「동아일보」, 1937.8.7.

31) 1933년 5월에 일어난 미신에 대한 맹신과 무지가 빚어낸 참혹한
유아살인사건. 죽첨정 금화장 문화주택지 부근의 쓰레기 매립지에
서 심하게 훼손된 아이의 머리가 발견되었는데 총독부 경찰의 조
사 결과, 엿 장사를 하던 윤명구가 막내아들의 간질병을 치료하기
위해 석탄배달부였던 친구 배구석과 함께 한창우의 죽은 딸의 무
덤을 파헤쳐 머리를 베고 뇌수를 꺼내고 사체를 훼손하였다는 끔
찍한 전말이었다. 이 사건은 대중들뿐 아니라 총독부의 치안에도
큰 충격을 주었던 희대의 살인사건이었다. 전봉관, 『경성기담-근대
조선을 뒤흔든 살인사건과 스캔들』, 살림출판사, 2006, pp.12-47.

32) 정혜영, 『식민지기 문학과 근대성』, 소명출판사, 2008, pp.193-
196.

33) 박윤재, 『한말·일제초 방역규법의 반포와 방역체계의 형성』, 『일제
의 식민지배와 일상생활』, 연세대학교 국학연구원, 도서출판 혜안,
2004, p.532.

34) 이동초, 「衛生要覽(1)」, 「대한학회월보」 1호, 1908.2.

35) "十六日은 生活改新宣傳日!, 全朝鮮에 포스타, 數千少年은 旗行
列", 「조선일보」, 1929.5.12.

36) 천정환, 『근대의 책읽기-독자의 탄생과 한국 근대문학』, 푸른역
사, 2003, pp.108-128.

37) 여성 지식인들의 이름을 통해서 보더라도 이들이 크리스트교로
부터 사상적인 영향을 많이 받았음을 알 수 있다. 김마리아는 애
국부인회를 주도적으로 결성한 인물로 성모 마리아의 이름을 자신
의 이름에 그대로 사용하였고, 최초의 여의사인 박에스터, 근화여
학교를 설립한 차미리사 등 모두 크리스트교의 세례명을 사용하였
다. 또한, 이화여자전문학교 교수인 김활란('헬렌'의 조선식 이름),
『신여자』 창간의 주역이었던 신준려('줄리아'의 조선식 이름) 등 서
양인의 이름을 한자로 표기하여 이름으로 사용하기도 했다. 연구
공간 수유+너머 근대매체연구팀, 『신여성-매체로 본 근대여성 풍속
사』, 한겨레신문사, 2005, pp.49-51.

38) '하로 時間을 엇더케 쓰나, 各方面名士의 一日生活, 職業따라 다
른 生活', 「별건곤」 16·17호, 1928.12, pp.50-57.

39) 縣南, 「文化生活とバンガロー」, 『조선과 건축』 창간호, 1922.6, p.41.

40) 조계은, '가정위생특집-주방·욕실·下水口의 개선-설거질대와 상차리는 선반', 「신가정」, 1권 8호, 1933.8, pp.14-15.

41) '짓'는 '끝'이라고 읽는다.

42) 박길룡, '새 살림의 부엌은 이렇게 했으면', 「여성」, 1권 1호, 1936.4, pp.34-35.

43) 박동진, '우리 住宅에 對하야(五)', 「동아일보」, 1931.3.19./김윤기, '유일한 휴양처 안락의 홈은 어썬 곳에 세울가(二)-직업,취미,수입 정도에 알맞게, 물론 위생적이어야 한다.', 「동아일보」, 1930.9.28.

44) 박길룡, '能率과 合理를 目標한 改善住宅試案', 「신여성」, 8권 2호, 1934.2, pp.38-41.

45) 김윤기, '유일한 휴양처 안락의 홈은 어썬 곳에 세울가(三)-직업,취미,수입정도에 알맞게, 물론 위생적이어야 한다.', 「동아일보」, 1930.9.30.

46) 藤島雅一路, 「母國の建築に對する心-文化住宅」 『조선과 건축』, 7집 5호, 1928.5, p.2.

47) 김유방, 「문화생활과 주택-근대사조와 소주택의 경향」, 개벽, 33호, 1923.3, pp.65-69.

48) 서울특별시사편찬위원회, 『서울역사총서(2)-서울건축사』, 동강기획, 1999, p.895.

문화생활과 문화주택 근대주거담론을 되돌아보다

펴낸날 초판 1쇄 2012년 3월 12일

지은이 **김용범**
펴낸이 **심만수**
펴낸곳 (주)살림출판사
출판등록 1989년 11월 1일 제9-210호

경기도 파주시 문발동 522-1
전화 031)955-1350 팩스 031)955-1355
기획·편집 031)955-1374
http://www.sallimbooks.com
book@sallimbooks.com

ISBN 978-89-522-1748-6 04080

책임편집 **이소정**